Jamón jamón

Jamón jamón

Bigas Luna

Estudio crítico de
Peter William Evans

Ediciones Paidós
Barcelona Buenos Aires México

Fotografías: archivo del autor

Colección dirigida por:
José Luis Fecé y Vicente Sánchez-Biosca

Diseño: Mario Eskenazi y Diego Feijóo

© 2004 de todas las ediciones en castellano
Ediciones Paidós Ibérica, S. A.,
Mariano Cubí, 92 -
08021 Barcelona
http://www.paidos.com

ISBN: 84-493-1555-7
Depósito legal: B-7.135/2004
Impreso en Gràfiques 92, S.A.,
Av. Can Sucarrats, 91
08191 Rubí (Barcelona)

Impreso en España -
Printed in Spain

Paidós Películas

Para Isabel

Sumario

Agradecimientos

La investigación de este libro se ha llevado a cabo en parte gracias a la ayuda económica recibida del Arts and Humanities Research Board del Reino Unido, que contribuyó a financiar un año sabático de investigación concedido por Queen Mary, University of London. La búsqueda bibliográfica se realizó en la biblioteca de Queen Mary, University of London y, en su mayor parte, en la Filmoteca de Catalunya, Barcelona, donde el equipo, sobre todo Mercè Rueda, me ofreció su generosa ayuda. Igualmente agradecido estoy al equipo de la Filmoteca Nacional, Madrid, especialmente a Javier Herrera y a Marga Lobo. Quisiera también dar las gracias a Ray Crundwell, a José Manuel Santaolalla, a Juan José Blasco, y a Garry Marvin, quien me facilitó mucho material sobre la corrida de toros, y a mis estudiantes en la School of Modern Languages de Queen Mary, University of London, con quienes en diferentes cursos he compartido y discutido ideas sobre *Jamón jamón*. Estoy en deuda también con mi compañero de Queen Mary, Nigel Glendinning, por haberme aportado sus conocimientos sobre la pintura negra de Goya *Duelo a garrotazos* y por sus muchas sugerencias durante la conversación que mantuvimos sobre *Jamón jamón*. Quiero agradecer también a Vicente Sánchez-Biosca y a Josep Lluís Fecé el haberme invitado a colaborar en esta serie, y a Bigas Luna su generosidad, apoyo e interés en este proyecto. Mi mayor deuda es con Isabel Santaolalla, hija de Los Monegros, quien no solamente me ha ayudado a comprender las complejidades culturales y de otros tipos de esta película magnífica, sino que ha sido la lectora más aguda de mis escritos.

Introducción

Bigas Luna empezó a dedicarse al cine a principios de los setenta. Después de algunos cortos, dirigió en 1976 su primer largometraje, *Tatuaje*, que fue también la primera adaptación fílmica de una novela protagonizada por Pepe Carvalho, el detective gastrónomo de las novelas negras de Manuel Vázquez Montalbán. El mundo de los deseos oscuros en el que se mueve Bigas Luna en esta película se ensombrece aún más en las dos siguientes, *Bilbao* (1978) y *Caniche* (1979), obras que siguen provocando escándalo cuando se proyectan hoy en día. En ambos casos Bigas Luna se centra en el deseo, en particular el deseo pervertido, y el tema es tratado de una forma explícita, completamente inusitada hasta aquel momento en la historia del cine español. En la primera aborda el sadismo y el voyeurismo, y en la segunda, en su búsqueda de las raíces de lo perverso, el bestialismo.

En estas películas, como también en las siguientes —*Renacer* (1981), *Lola* (1985), *Angustia* (1987) y *Las edades de Lulú* (otra adaptación literaria, 1990)— este énfasis temático, complicado por otras preocupaciones como la religión o las relaciones familiares, se expresa mediante una estética que intenta sorprender o provocar al espectador. *Bilbao*, por ejemplo, es casi una película muda; *Angustia* es metafílmica, creando, en su tratamiento del tema del sadomasoquismo, un distanciamiento entre la pantalla y los espectadores que exige la recepción intelectual además de emocional por parte del espectador. La exquisita atención tanto a la forma o estética como al contenido temático caracteriza las tres películas que siguieron a *Las edades de Lulú*, la trilogía de «Retratos ibéricos» —*Jamón jamón* (1992), *Huevos de oro* (1993) y *La teta y la luna* (1994)— así como todo el resto de su obra. Pero esta trilogía, aunque insistiendo en los temas y experimentos formales habituales del director, muestra un ligero cambio de énfasis, sobre todo en el enfoque temático sobre lo español, es decir, los símbolos, ritos y señas de identidad del país.

Si las películas dirigidas después de éstas, *Bámbola* (1996), *La camarera del Titanic* (1997), *Volavérunt* (1999) y *Son de mar* (2001), vuelven a tratar temas desde una perspectiva relativamente más general y menos «ibérica», es la trilogía y, sobre todo, *Jamón jamón*, la que mejor refleja la cultura de una España profunda. Los deseos de los personajes —tratados tanto con sentido del humor como con profundidad— se explican a través de los contextos socioculturales de la España de los noventa.

Mientras que *La teta y la luna* y *Huevos de oro* se centran respectivamente en algunos aspectos de la cultura catalana y de la costa mediterránea, *Jamón jamón*, la más brillante y taquillera de la trilogía, aborda —a pesar de su puesta en escena aragonesa— temas españoles sin fronteras regionales. Como el propio Bigas Luna explica:

> Es un gran melodrama [...] con personajes que son prototipos de nuestro país: el niño rico de la costa; el del interior, más duro, que quiere ser torero; la mujer madre modelo, pero que es muy puta de carácter; la mujer muy puta, que sin embargo es muy madre; el hombre contemporáneo, asexuado, que pretende ser más europeo ...Prototipos con los que mucha gente se puede identificar [...] Me apetece mucho hacer el retrato de estos personajes que son muy pasionales. Pero al mismo tiempo hay un discurso intelectual y simbólico con todos ellos (en Pando, 1991, 40).

En las siguientes páginas, se comienza por relacionar la película con los apropiados contextos socioculturales, para continuar después analizando cuestiones formales y estéticas, así como el paisaje temático y la ideología consciente o inconsciente en la que está insertada la película. El análisis aborda cuestiones de autoría y de género, trazando los elementos cómicos y melodramáticos así como las conexiones entre ambos. Se trata también la ironía y la intertextualidad, subrayando las alusiones al cine de Buñuel, De Sica y Wilder así como a la obra de artistas como Goya y Zuloaga. El estudio crítico considera después la música, la puesta en escena, la estructura narrativa, la construcción de los personajes, el uso de los actores y actrices, algunos de ellos (Juan Diego, Stefania Sandrelli y Anna Galiena) ya consagrados antes de esta película, otros (Penélope Cruz o Javier Bardem) lanzados a la fama tras el éxito de *Jamón jamón*.

El análisis de todos estos elementos se nutre de teorías no solamente formalistas sino también de índole sociocultural, psicoanalítica y de género. En este sentido, el análisis, por ejemplo, de la interpretación de Penélope Cruz en el papel de Silvia, o de Javier Bardem en el de Raúl, va más allá de considerar la función de los personajes en la narrativa para abordar cómo estos dos actores reflejan la fantasía y los deseos, y, consecuentemente, la subjetividad de los espectadores.

El libro constituye, ante todo, una indagación en el arte de Bigas Luna. Mediante el análisis del universo fílmico de *Jamón jamón*, intenta ofrecer claves para apreciar los logros de una de las películas más impactantes de la reciente historia del cine español.

«Oh pena de cauce oculto / y madrugada remota», decía Lorca en su «Romance de la pena negra» en *Romancero gitano*. La pena de Bigas Luna en *Jamón jamón* no es la de una raza marginada sino la del español alienado por sus propias agonías psicológicas, familiares o existenciales.

15

La obra y su contexto

Jamón jamón, León de Plata en el Festival de Cine de Venecia, coproducción de Andrés Vicente Gómez, Lolafilms y Ovideo TV, costó unos 320 millones de pesetas (de los cuales 85 fueron aportados por el Ministerio de Cultura) y se ha convertido en una de las películas de Bigas Luna más taquilleras, sobre todo en el extranjero; en el Reino Unido, por ejemplo, fue una de las cinco películas de más éxito en 1993, recaudando más de 300.000 libras esterlinas (aproximadamente 450.000 euros) (Morgan y Jordan, 1994, 64). La recaudación total hasta la fecha, según datos del Ministerio de Cultura, ha sido de 1.808.588 euros. La recepción crítica, por su parte, ha incluido una mezcla de reseñas favorables (sobre todo en el extranjero) y negativas.

La película debe interpretarse no sólo en relación con las ideas e intereses de su director Bigas Luna sino con los acontecimientos históricos y culturales de finales de los ochenta y principios de los noventa. En este contexto, Jamón jamón se inserta en las tendencias existentes en el cine español de aquellos años, sobre todo aquellas marcadas por un interés histórico, así como por la sexualidad y el género. En las décadas anteriores a los noventa se realizaron una multitud de películas sobre temas históricos. Estas películas, a diferencia de las que se habían realizado durante el franquismo, elogiando de forma triunfalista el pasado de la nación (por ejemplo, Alba de América [Juan de Orduña, 1951]), intentaron recuperar una versión diferente de la historia. Esta búsqueda de lo que José Enrique Monterde llama «lo prohibido», es decir las realidades, y no las mentiras, de la Guerra Civil, y de otros momentos de la vida prefranquista censuradas durante la dictadura, ofreció un material inagotable a los cineastas de los ochenta y noventa. Para Monterde, esta investigación del pasado no condujo a la realización de películas radicales, ya que el cine de la época:

[...] se sujetó a aquellos esquemas que parecían de más fácil recepción para el público español: sagas familiares, adaptaciones literarias, biografías, etc. Y todo ello rebozado por las constantes del cine del período: predominio de los valores reformistas y centristas, el abandono de cualquier tono que pudiera entenderse como revanchista [...] (1993, 153).

No interesado, al parecer, en «abordar un cine histórico analítico» (Monterde, 1993, 153), Bigas Luna en *Jamón jamón* hace indagaciones en el pasado desde el punto de vista más general de la cultura y de la ideología (en el sentido althusseriano, y no meramente político, del concepto). *Jamón jamón*, propone una mirada indirecta a aspectos de la reciente historia de España que otras películas habían presentado de forma más directa, tanto en tono documental —*El proceso de Burgos* (Imanol Uribe, 1979) o *Dolores* (José Luis García Sánchez/Andrés Linares, 1980)— como ficticio, en *La vaquilla* (Luis García Berlanga, 1984), *El crimen de Cuenca* (Pilar Miró, 1987), *Jarrapellejos* (Antonio Giménez Rico, 1987), *Lorca, muerte de un poeta* (Juan Antonio Bardem, 1988), *¡Ay Carmela!* (Carlos Saura, 1990), o *La verdad sobre el caso Savolta* (Antonio Drove, 1990). El uso en *Jamón Jamón* de Juan Diego, la estrella de *El viaje a ninguna parte* (Fernando Fernán Gómez, 1986), *La noche oscura* (Carlos Saura, 1986) y, sobre todo, *Dragón Rapide* (Jaime Camino, 1986), y de Stefania Sandrelli, conocida en España por su trabajo en *La verdad sobre el caso Savolta*, en cierto modo evoca aquellos papeles de corte histórico. Una de las ironías de la película emerge precisamente del uso de Juan Diego como el padre anclado en el pasado pero que trata de enfrentarse al futuro. Según Bigas Luna, Stefania Sandrelli era «una obsesión en los años setenta» (Rubio, 1992, 52). Sandrelli había empezado su carrera en los sesenta con películas como *Divorcio a la italiana* (Divorzio all'italiana, Pietro Germi, 1961), y sus trabajos con Bertolucci (como, por ejemplo *El conformista* [Il Conformista, 1970] y *1900* [1976]). Destacó en varias películas de índole erótica en los ochenta, por ejemplo, *La llave secreta* (La Chiave, Tinto Brass, 1983). En *La verdad sobre el caso Savolta* tuvo un papel relativamente erotizado, representando a la mujer adúltera de José Luis López Vázquez, que tiene un lío amoroso con Ovidi Montllor, apareciendo en una escena de sexo donde su cuerpo voluptuoso es elogiado por la cámara. Más adelante volvería a trabajar con Bigas Luna en un papel secundario en *Volavérunt* (1999).

Si algunos directores trataron directamente la historia a través del devenir familiar (por ejemplo, *El corazón del bosque* [Manuel Gutiérrez Aragón, 1986]), la persecución de minorías sexuales (*Las cosas del querer* [Jaime Chávarri, 1989]), los maquis (*Luna de lobos* [Julio Sánchez Valdés, 1987]), o la disidencia política (*Beltenebros* [Pilar Miró, 1991]), *Jamón jamón* indaga con ironía en las estructuras ideológicas de la sociedad española: el machismo, las relaciones familiares, el trabajo o el conflicto entre la tradición y la modernidad.

Pero además de pertenecer, aunque, como hemos dicho, **21** de forma indirecta, a esta tendencia de autoanálisis histórico, *Jamón jamón* también participa de otra temática muy recurrente en el cine de los ochenta y noventa: el sexo. Tras las famosas películas del «destape», que habían empezado a realizarse en los setenta seguidas por las porno clasificadas «S» (producidas, por ejemplo, por Isidoro Llorca, y dirigidas, por ejemplo, por Jesús Franco o Ignacio Iquino) y luego «X», encontramos en estos años las realizadas por otros directores más serios interesados por las complejidades de la sexualidad y las relaciones entre los géneros. Vicente Aranda, especialmente en *Amantes* (1991), hecha sólo un año antes que *Jamón jamón*, Jaime Chávarri en *Las cosas del querer*, Fernando Trueba en *El sueño del mono loco (*1989), Francisco Periñán en *Contra el viento* (1990) y, por supuesto, Almodóvar en todas sus películas, abordaron el tema de forma explícita y profunda. *Jamón jamón* puede ser analizada tomando como referencia estos tratamientos abiertos del sexo como mecanismo para la exploración del deseo.

La España de principios de los noventa fue una época lo suficientemente distanciada de la sociedad autocrática del franquismo como para permitir un análisis de los valores y creencias que sostenían aquel sistema político y social. En cierto modo, pues, *Jamón jamón* aporta una perspectiva crítica e irónica sobre el pasado y sobre las raíces ideológicas y culturales que permitieron el desarrollo y el apoyo público de la dictadura. En *Jamón jamón* Bigas Luna es el historiador de un mundo arcaico que se enfrenta a los retos del futuro. Este conflicto se expresa mediante la yuxtaposición, casi surrealista, no de la máquina de coser y el paraguas como en Lautréamont, sino del ordenador y el jamón (Pisano 2001, 181). El jamón aquí —como los espaguetis en *El oro de Nápoles* (Il oro di Napoli, Vittorio De Sica, 1954), película que influyó mucho en Bigas

Luna— simboliza la tradición, mientras que el ordenador, claramente, es la modernidad. Pero estilísticamente esta película se desvía de la norma de Bigas Luna. El tono más experimental, más crudo, más agresivo de la mayoría de sus películas anteriores —sobre todo *Bilbao, Caniche* y *Angustia*— se suaviza, aunque sin perder el contenido crítico y, sobre todo, cómico, de aquéllas. Si las películas anteriores se caracterizan por el color negro, *Jamón jamón* comienza su etapa roja: «Es mi etapa roja, un color más pasional» (en Pisano 2001, 184). Esto se explica, quizás, de dos maneras. Primero, la estancia de Bigas Luna en EE. UU. (1979-1981), que le proporcionó una perspectiva más distanciada (aunque obviamente la influencia de Goya, Buñuel y los otros iconos culturales de su tierra siguen siendo de suma importancia en *Jamón jamón*); segundo, el fenómeno Almodóvar, en el sentido de que, entre todas las influencias que podrían haber determinado la forma y contenido de las películas de finales de los ochenta y principios de los noventa, la de Almodóvar, como señala José Luis Guarner, contribuyó quizás más a los cambios de dirección de algunos directores del cine español:

> La visión caricaturesca de los emblemas publicitarios —la enorme silueta del toro, el primer plano de unos calzoncillos, ambas cosas provistas de testículos ostentosos— el concepto de drama tremendo y tremendamente cómico, el bolero que comenta esporádicamente la acción y la remata en el epílogo son inconfundibles signos de Pedro Almodóvar (Guarner 1992b, 37).

Efectivamente, algunos toques de *Jamón jamón* recuerdan el estilo y temas almodovarianos. La mezcla posmodernista de lo popular/comercial con la alta cultura caracteriza la forma y contenido de *Jamón jamón*. De hecho, como también afirma José Luis Guarner, «[e]l instrumento de un homicidio pasional no es la pata de cordero de Roald Dahl filmada por Hitchcock en un telefilme memorable —y que ya copió Almodóvar en *¿Qué he hecho yo para merecer esto?*— pero sí algo muy parecido, un no menos contundente jamón, sarcástica maza de los modernos hombres primitivos» (1992a, 49).

Teniendo en cuenta el tono más sobrio e inquietante de las películas de Bigas Luna anteriores a *Jamón jamón*, se podría también añadir que el ambiente más cómico y más irreverente de ésta recuerda el estilo Almodóvar. El primer plano de

lo que José Luis Guarner clasifica como los «testículos ostentosos» de Raúl (Javier Bardem) recuerda, por ejemplo, la escena de las «erecciones nacionales» de *Pepi, Luci, Bom y otras
chicas del montón* (1980). Sin embargo, hay que tener en cuenta también que Almodóvar heredó algo de Bigas Luna: no solamente el tratamiento directo del tema del deseo, sino también
algunos aspectos estéticos, como se percibe, por ejemplo, en
el póster publicitario de *Mujeres al borde de un ataque de nervios* (1988), que recuerda el de *Bilbao*: «Es idéntico, el sofá con
las mujeres sentadas y el título arriba» (Pisano, 2001, 74). **23**

Sin embargo, la sombra de Almodóvar se percibe, sobre
todo, en un aspecto que ha influido no únicamente en Bigas
Luna sino en el cine español en general: el de la flexibilidad de
las fronteras entre los géneros fílmicos. Películas como *Sé infiel
y no mires con quién* (Fernando Trueba, 1985) o *Cómo ser mujer y no morir en el intento* (Ana Belén, 1991) retoman claramente el estilo Almodóvar. Pero éstas y otras películas, como,
por ejemplo, *Salsa rosa* (Manuel Gómez Pereira, 1991) y *Boom
Boom* (Rosa Vergés, 1990), todas realizadas al mismo tiempo
que *Jamón jamón*, son la marca de una nueva generación de
directores y directoras que formaron en cierto modo la base de
un nuevo cine español. Muchas de estas películas se distinguen
por su sentido del humor, pero aunque se inspiran en la tradición cómica nacional, evitan en gran parte, como afirma Ramiro
Cristóbal en un reportaje escrito sólo dos años después del estreno de *Jamón jamón* (1994, 22), el enfoque más político que
caracterizaba las películas cómicas de García Berlanga y Bardem, y otros directores de la generación de los sesenta (añade
Cristóbal que lo que los cineastas españoles de la generación
de los noventa comparten es la influencia de Luis Buñuel). Bigas Luna, aunque perteneciente claramente a una generación
anterior, dirigió en *Jamón jamón* una obra que se integra en esta
tendencia: los actores jóvenes que trabajan en las obras de los
nuevos directores también trabajan en *Jamón jamón*; los temas
van en la misma línea; y la mezcla de géneros, sobre todo el
melodrama y la comedia, se destaca aquí igual que, por ejemplo, en cualquier película de Almodóvar o en lo que Morgan y
Jordan clasifican como la «comedia posmodernista» (1994).

Almodóvar aportó, además, una voluptuosidad estética a
sus películas: desde *Pepi Luci Bom...* hasta *Hable con ella*
(2002) nos ofrece un banquete de placeres audiovisuales. *Ja-*

món jamón también ofrece al espectador un complejo entrama-
do de elementos musicales y visuales —según Bigas Luna
«operísticos» (Escarré, 2001, 91)— desde las primeras escenas
de los espacios bañados de luz pero desprovistos de vegeta-
ción de Los Monegros aragoneses, hasta la secuencia final que
alude a Goya, y que prepara el epílogo irónico del bolero «Házmelo otra vez». Lo físico y lo cerebral están unidos aquí en una
película que, como María Donapetry opina, «apela a los sentidos visuales, culinarios y sexuales con imágenes bien arraigadas en la cultura española contemporánea» (1998, 3). Como el
propio Bigas Luna afirma: «*Jamón jamón* supone un gran cambio en mi filmografía [...] porque mezcla por primera vez la cabeza y el estómago, dos puntos que están en conflicto constante.
Me apetece mucho hacer el retrato de estos personajes que
son muy pasionales. Pero al mismo tiempo hay un discurso intelectual y simbólico con todos ellos» (en Pando, 1991, 40).

Si, como Bigas Luna también explica, la película dramatiza las relaciones y conflictos entre las generaciones —la de los
jóvenes, es decir, la de los noventa (Silvia, Raúl y José Luis), y
la de sus padres, la de los setenta (Carmen, Conchita y Manuel)— estas tensiones reflejan además la evolución del cine
español desde los setenta hasta los noventa. El cine de la generación anterior sigue, más o menos, condicionado por el
franquismo, su herencia ideológica y la Guerra Civil, en películas como, por ejemplo, *Furtivos* (José Luis Borau, 1975), *Cría
cuervos* (Carlos Saura, 1975) y *Camada negra* (Manuel Gutiérrez Aragón, 1977); el cine de los noventa, por supuesto todavía en cierto modo arraigado en el pasado, prefiere mirar hacia
el futuro, tratando de distanciarse de las batallas y prejuicios
del pasado. Pero el contraste entre las diferentes generaciones
no es sencillo, y tanto los jóvenes como los mayores están su-
jetos a todo tipo de complicaciones y prejuicios. Los autores
del guión —principalmente Bigas Luna (nacido en 1946) y
Cuca Canals (nacida en 1962), pero también ayudados por
Quim Monzó (nacido en 1952)— reflejan en la diferencia de sus
edades la de los personajes de la película. Como en los mejores melodramas, el guión de *Jamón jamón* manifiesta una actitud equilibrada y comprensiva incluso hacia los personajes
más autoritarios o inflexibles. En la que Bigas Luna ha llamado
su «película neorrealista en colores» (en Vidal, 1991, 38) este
equilibrio se da no solamente entre los co-guionistas y el direc-

tor, sino también con los otros miembros del equipo creativo de la película. El director de fotografía, José Luis Alcaine, ya había hecho películas importantes (por ejemplo, con Vicente Aranda, *El Lute,* 1987 y *Amantes*, 1991); el compositor de música, aquí como en *Huevos de oro* y *La teta y la luna*, fue Nicola Piovani, el compositor de las últimas películas de Fellini como, por ejemplo, *Ginger y Fred* (Ginger e Fred, 1986) y de, entre otras, *La vida es bella* (La vita è bella, Roberto Benigni, 1997), *Más allá del jardín* (Pedro Olea, 1997), y *De eso no se habla* (María Luisa Bemberg, 1993); y el reparto de actores incluye, además de a Stefania Sandrelli, a otra de las máximas estrellas del cine italiano, Anna Galiena, a la que Bigas Luna definió como «una intelectual capaz de ser muy pasional, a pesar de tener la cabeza muy fría» (Rubio, 1992, 52).

Bigas Luna había querido trabajar con Anna Galiena desde que la vio en *El marido de la peluquera* (Le Mari de la coiffeuse, Patrice Leconte, 1990). La peluquera, tal como la representa Anna Galiena, es una mujer sensual, atractiva, llena de vida y misterio, un precedente de su Carmen en *Jamón jamón*. También recuerda mucho a la Sophia Loren de *El oro de Nápoles*, una mujer infiel y sensual, de un barrio humilde de Nápoles. La primera vez que vemos a la peluquera de Leconte, la cámara enfoca, en primer plano, una pierna lánguida, y sólo después de habernos concedido un buen rato para disfrutar de este miembro erotizado, nos muestra la cara y el resto del cuerpo. A menudo —como en el caso de la Sophia de *El oro de Nápoles*— la cámara se concentra en sus senos, algo recurrente también en las películas de Bigas Luna, sobre todo, en *La teta y la luna*. Pero *El marido de la peluquera* también elogia su cara, a veces sonriente, a veces seria, pero siempre llena de misterio y sensualidad. Todo esto fascina al hombre que le pide la mano, no sabiendo nada y queriendo saber menos de su historia, de su familia, de amantes previos. El marido de la peluquera se siente irremediablemente atraído, como la novia se ve atraída por Leonardo en *Bodas de sangre* («Me arrastró como un golpe de mar, como la cabezada de un mulo»), como José Luis (Jordi Mollà) y Manuel (Juan Diego) por Carmen en *Jamón jamón*. Patrice Leconte cuenta una historia de exclusivo amor pasional, un mundo creado por dos personas que excluye a todos los demás, una pareja al estilo de la de *El último tango en París* (Ultimo Tango a Parigi, Bernardo Bertolucci,

1972), pero representada con más ternura y lirismo, donde el cariño y el deseo sexual se unen. Pero, como la película postula, un amor de este tipo es, en la mayoría de los casos, difícil de sostener. Al menos, esto es lo que opina la peluquera, que decide suicidarse antes de que, como ella dice, «empiece a transformarse el deseo sexual en mero cariño». La Carmen de *Jamón jamón*, no teniendo una concepción tan romántica del amor, y siendo una superviviente, no se suicida y se contenta con lo posible, no con lo ideal. Por otra parte, un amor exclusivo —tanto sexual como afectivamente— es lo que busca Silvia (Penélope Cruz), pero sus amantes la decepcionan y, al final, regresa hacia un amor filial, dejándose querer por Manuel, el padre de su primer novio, José Luis.

El efecto producido por la elección de las estrellas italianas Anna Galiena y Stefania Sandrelli ayuda a insertar la película dentro de la tradición de cine de autor y, sobre todo, a afirmar su adscripción europea. Este surtido de actores de España e Italia, y la fama internacional que consiguieron Bardem y Cruz —algo que se trata más tarde en este estudio— confirma el fenómeno al que Marvin D'Lugo se refiere cuando habla de una serie de películas que «no responden al carácter fijo de las culturas nacionales, ni pueden interpretarse dentro del contexto de las inmutables identidades culturales» (D'Lugo, 1995). Citando a John Hopewell, D'Lugo explica que el cine español, que ha perdido una parte de su audiencia nacional, ha tenido que dirigirse también a un público transnacional (Morgan y Jordan se refieren a las estrategias publicitarias usadas para vender *Jamón jamón* en el extranjero [1994, 58]). Bigas Luna ofrece a estos públicos, en lo que D'Lugo califica como una película «dialógica» (1995, 79), «jamón jamón», es decir, de lo bueno, lo mejor, y en este sentido el título de la película se refiere no solamente al tema del deseo sexual sino también a la textura de una obra ofrecida a estos dos públicos, que aborda temas candentes, y auténticas preocupaciones españolas.

Estudio crítico

Jamón jamón es un melodrama, pero no en el sentido estricto y desgarrador del término, tal como se aplica a películas españolas como, por ejemplo, De mujer a mujer (Luis Lucia, 1950), o a las de Hollywood dirigidas en los años cincuenta por Douglas Sirk, Nicholas Ray o Vincente Minnelli. Jamón jamón se desvía de las líneas tradicionales del melodrama sobre todo mediante la inclusión de elementos cómicos inspirados en la obra de Goya, Valle-Inclán y Buñuel. A pesar de ello, los aspectos melodramáticos hacen sentir su presencia, sobre todo en lo que respecta a unos personajes ahogados por expectativas ideológicas que imposibilitan el desarrollo de una subjetividad auténtica: padres y madres luchan contra las estructuras machistas, hijos e hijas difícilmente encuentran las rutas de la independencia, y los deseos, sobre todo sexuales, están reprimidos bajo gestos y declaraciones que se ajustan a las normas y actitudes del momento.

Jamón jamón, pues, retiene del melodrama tradicional algunos elementos importantes, sobre todo el enfoque edípico del género, la idea de un sino que controla la vida humana —un sino entendido no como en el teatro griego clásico como una fuerza exterior, impuesta por los dioses, sino como proveniente del ambiente social o familiar— y una puesta en escena expresiva que refleja o que complica los temas de la narrativa. Los conflictos de los personajes principales surgen del entorno social y familiar, algo que les convierte a todos en víctimas. La idea de un sino inexorable que afecta a los personajes aparece reflejada en la estructura circular de la narración. La película empieza, después de un preludio en el que dos hombres torean con un monosabio en el paisaje lunar de Los Monegros, con la pérdida del padre natural de Silvia, y termina con una imagen de Silvia recuperando a su padre, no el natural, sino un sustituto, Manuel, el padre de su ex novio José Luis, y el cliente/amante de su madre. Este movimiento circular de la narrativa proclama que todo lo demás, y fundamentalmente la actividad del principal personaje femenino, no ha sido nada más que una búsqueda del padre perdido. O sea, que las actividades de Silvia no son realmente suyas, sino que están controladas por fuerzas externas, el deseo internalizado por un padre ideal pero proyectado en los novios y, al final, en el padre de uno de ellos —personajes que, por supuesto, son a su vez controlados por sus propios deseos internalizados y proyectados en otros.

Las relaciones entre los personajes de la película, tanto dentro de sus propias familias como fuera de ellas, tienen aspectos psicológicos brillantemente representados, especialmente en lo que concierne a la proyección sobre las relaciones sexuales de los sentimientos negativos y positivos de la infancia. En este sentido, los complicados romances entre los diferentes personajes parecen inspirados por el psicoanálisis.

Abordar el tema de las relaciones familiares desde un punto de vista psicoanalítico no está fuera de lugar en una película que en ocasiones alude al surrealismo, en particular a Buñuel —sobre todo a *Un perro andaluz* (Un chien andalou [1928]), *La edad de oro* (L'Âge d'or [1930]), *El ángel exterminador* (1962) y *El discreto encanto de la burguesía* (Le Charme discret de la bourgeoisie [1972]), las dos primeras por su surrealismo, las dos últimas por su combinación de los temas de la comida y del sexo. De hecho la tendencia surrealista de Bigas Luna se destaca en casi todas sus películas: las narrativas de *Caniche* y *Bilbao* tienen un ambiente de pesadilla; en *Lola*, película más realista, los sueños de una de las mujeres ocupan un lugar central en el desarrollo de su personaje; y en *Huevos de oro* se incluyen referencias directas a Dalí. *Jamón jamón*, película rodada en Aragón y que remite, en cierto modo, como ha señalado Celestino Deleyto (1999), a la tradición de cine sobre la región, no puede evitar evocar al director más famoso de su tierra.

Pero el surrealismo —o buñuelismo— tan lleno de sentido del humor de *Jamón jamón* no es un mero guiño para los iniciados. También tiene que ver con el tema fundamental de la película: la identificación. Según Melanie Klein, psicoanalista que ha tratado con suma claridad el tema de la identificación, la búsqueda de un/a amante está sometida a procesos de internalización y de proyección:

> [La] vida interior está formada por objetos, primero la madre, internalizada en varios aspectos y situaciones emocionales. Las relaciones entre estas figuras internalizadas, y entre ellas y el ego, se experimentan —cuando es dominante la ansiedad de la persecución— como fundamentalmente agresivas y peligrosas; el niño las trata como cariñosas y buenas cuando está satisfecho y predominan los sentimientos felices [...] La madre, primero su pecho, es el objeto primario para los procesos de introyección. El amor y el odio se proyectan sobre ella desde el principio. Estas fantasías se extienden pronto al padre y a otras personas (Klein, 1997, 142-3).[1]

33

Klein añade en este mismo estudio —antes de llevar a cabo su análisis mediante una interpretación del cuento de Julien Green «Si yo fuera tú»— que este fenómeno infantil, de proyección y de introspección, se repite a lo largo de la vida, en un vaivén de procesos por los que el mundo externo es repetidamente ingerido y expulsado, introyectado y retroproyectado. Estas ideas —inspiradas en los escritos de Freud— ayudan a la comprensión de los motivos inconscientes de Silvia y los demás personajes. Como en los melodramas tradicionales la dimensión edípica de *Jamón jamón* es indiscutible.

El deseo

Como también afirma Otto F. Kernberg en su estudio sobre el sexo y el amor, cada persona consciente o inconscientemente teme la presencia de alguien que pueda ser más deseable para su pareja; de esta tercera persona viene la inseguridad emocional y los celos (1995, 87). Añade Kernberg que en cualquier relación amorosa siempre hay seis personas: la pareja, sus inconscientes rivales edípicos, y sus inconscientes ideales edípicos (1995, 88). Desarrolla estas ideas preliminares con la pregunta:

> ¿Qué es lo que desean los hombres y las mujeres?: el hombre quiere que la mujer desempeñe varios papeles —como madre, niña, hermana gemela y, sobre todo, mujer adulta y sexual. La mujer [...] quiere un hombre en papeles paternales pero también maternales (como padre, bebé, hermano gemelo y hombre

1. Todas las traducciones de idiomas diferentes al español son del autor.

adulto y sexual) [...]. Los dos añoran fusión total con el objeto deseado, con elementos edípicos y preedípicos que no se pueden realizar (1995, 88-89).

En *Jamón jamón* los deseos de los personajes principales —tan complicados por estos matices conscientes y, sobre todo, inconscientes— dificultan las relaciones entre los sexos. En sus relaciones sexuales, los jóvenes, Silvia, José Luis y Raúl, buscan a sus padres, mientras que los mayores, Carmen, Conchita y Manuel, buscan a sus hijos. Por un lado, el amor es algo creativo, que saca al individuo de su narcisismo, que le hace evolucionar a través de la unión con el otro/la otra —como ocurrió en el caso de Don Quijote con Dulcinea— pero que también es capaz, sin respetar las linderas del tiempo o del espacio, de devolverle al pasado, a los dramas inacabados de la infancia. Aún más, el amor —como argumenta el psicoanálisis desde Freud hasta hoy en día— está irrevocablemente vinculado al odio. Recurriendo al Shakespeare de *Romeo y Julieta*, Julia Kristeva se inspira en la frase «My only love sprung from my only hate» (Mi único amor nacido de mi único odio [Acto I, escena 5]) para subrayar «el odio que está en el centro del instinto amoroso» (1987, 221). Según Freud (en «Los instintos y sus vicisitudes»), el odio es más viejo que el amor:

> Viene del rechazo provisional del ego narcisista del mundo externo [...] El odio mezclado con el amor aparece en parte de las etapas preliminares del amor que no han sido totalmente dominadas; en parte también está relacionado con el repudio manifestado por los instintos del ego [...] El odio se inspira en los instintos de autopreservación. (1984,137)

En todas las relaciones amorosas de *Jamón jamón* se percibe este conflicto entre el deseo de aproximarse a la otra persona amada y, al mismo tiempo, de rechazarla por sentir que pone en peligro la propia identidad y autosuficiencia. *Jamón jamón* es una de las películas del cine español que más brillantemente investiga las ambigüedades del amor. Es apropiado, en este sentido, que el sexo y la comida —ambos relacionados con el instinto de autopreservación— se aúnen en la película, dando testimonio de los impulsos por comer y ser comido de amantes motivados simultáneamente por el amor y el odio.

    Jamón jamón funciona al menos en dos niveles, y requie-

34

re del espectador un proceso de «doble lectura». Un nivel, el realista o literal, narra la historia de dos familias y los enredos sentimentales que las unen; el otro, el metafórico o estilizado (alimentado de tradiciones estéticas universales y españolas, inspiradas éstas en lo que Unamuno llamó la «intrahistoria» del país, es decir, lo escondido pero que nutre los valores del mismo) crea la perspectiva desde la que el espectador capta el fondo de la película. La estética del filme da la impresión a menudo de que nos encontramos ante la dramatización de un sueño o del inconsciente. De vez en cuando la cámara enfoca objetos —¿los «objets trouvés» de los surrealistas?, ¿o los objetos ominosos, definidos por Freud como aquello que revela lo extraño debajo de lo normal?— que a primera vista no parecen tener nada que ver con el desarrollo de la narrativa. Cuando, después de la primera escena entre Silvia y José Luis debajo del toro Osborne, la cámara se concentra en una muñeca abandonada en la tierra, de cuyo ojo sale un lagarto, el espectador puede hacer una conexión entre los diálogos de los novios y este objeto ominoso. La muñeca abandonada pronostica el fracaso de sus relaciones y, desde luego, del deseo de Silvia de tener hijos con José Luis, personaje incapaz de contradecir los deseos de su madre, implacablemente opuesta al casamiento de su único hijo con Silvia, cuya mera mención no puede soportar: «¡No quiero que repitas ese nombre!». Pero el uso del lagarto y, sobre todo, su aparición saliendo del ojo de la muñeca, no sólo perturba a los espectadores sino que les recuerda todas aquellas imágenes del arte surrealista (de *Un perro andaluz,* por ejemplo) que se centran en el ojo, a veces herido o lesionado, apuntando a sus propios prejuicios y las perspectivas contaminadas desde las que a menudo se perciben el arte o la realidad.

Detalles como éste pertenecen a una estructura más amplia diseñada a modo de proyección del inconsciente: las escenas de los camiones pasando a toda velocidad por la N2 simbolizan, además de lo transitorio en un mundo inmutable, la fuerza del deseo sexual. Reemplazando en el imaginario de Bigas Luna a los trenes como símbolos fálicos, los camiones insisten tanto en la urgencia del deseo sexual como en el poder del falo, de la ley del padre, a la vez prepotente y en peligro. La ruta de los camiones se refiere también quizá a la frase de Freud (1992) «el camino real del inconsciente»: los planos de

El toro de Osborne y Bigas Luna.

los camiones, mastodontes del inconsciente, interrumpen a menudo la narrativa como si fueran sueños, como si visualizaran el retorno de lo reprimido en el inconsciente. Por un lado apuntan a la realidad del transporte por carretera, por otro, son proyecciones oníricas de los deseos y ansiedades de los personajes.

Los sueños, de hecho, son parte fundamental de otras películas de Bigas Luna: en *Lola* por ejemplo, una pesadilla ex-

presa las ansiedades de una chica traumatizada por el fracaso
de una familia; en *Huevos de oro* el sueño de Benito de dos
huevos, y de sí mismo tumbado en forma de feto dentro de
uno de ellos, de los gritos de un bebé, de personas que ríen, y
de la torre González que se derrumba, evocan los cuadros de
Dalí e ilustran el estado de ánimo de una persona en crisis.
Pero Bigas Luna también nos da un verdadero sueño cuando
Silvia se revuelve en su cama, inquieta, después de la visita
nocturna de Raúl y su amigo tras haber logrado escapar, des-
nudos, del mayoral. Este sueño le revela a la soñadora el deseo que siente por Raúl: por un momento aparece la cara de
José Luis, pero luego éste desaparece de escena, para dejar
paso a Raúl. Sin embargo, no todo es agradable, ya que la
identificación de Raúl con lo sexual tiene como preludio aulli-
dos y gritos, seguidos por imágenes muy perturbadoras de
éste —el macho ibérico deseado por Silvia— colgado como un
jamón y, en primer plano, un cuerno cortado por una máquina,
y que recuerda, a su vez, la de coser que usa Silvia en la fábrica de calzoncillos Sansón, donde trabaja de costurera.

El sueño, a diferencia de la ensoñación, despoja de control al soñador. En *Bella de día* (Belle de jour, 1966), por ejemplo, Buñuel contrasta los sueños de Séverine con sus
ensoñaciones: aquéllos revelan sus deseos y ansiedades in-
controlados, éstas demuestran su deseo de seguir disfrutando
de modo masoquista de sus dolores y penas, y dramatizan es-
cenarios pervertidos en su fantasía. De este modo ambos nutren y controlan su perversión. Silvia, por su parte, no parece
sujeta a perversiones. Tampoco presenciamos sus ensoñaciones. Pero su sueño es el retorno incontrolable de ansiedades
reprimidas en su relación con José Luis y su familia, así como
con Raúl, y también sus aspiraciones para el futuro. Como en
el caso de los sueños y otras escenas no estrictamente soña-
das pero de ambiente onírico en Buñuel, la puesta en escena
de Bigas Luna tiene un carácter ambiguo. El sueño de Silvia,
comprimido en un solo espacio, está lleno de objetos que simbolizan sus preocupaciones: zapatos, cuernos, huevos y personas, representando las confusiones y conflictos internos de
su vida. Pero el espacio geográfico de la película en las escenas en que se desarrolla la historia de los personajes también a
veces se convierte en espacio onírico. El uso de la cámara, el
sonido y la acción estilizada e intertextual son los métodos

principales por los que se lo eleva de un nivel realista a otro metafórico o surrealista.

La primera secuencia de la película nos ofrece un panorama del campo agreste de Los Monegros; la cámara se mueve lentamente, explorando este territorio, dotándolo de ambigüedad. La Madre Tierra es aquí más parecida a la yerma luna, símbolo no solamente de la belleza —«el ojo de la noche», según Píndaro— sino también de la muerte, ambivalencia expresada con gran lirismo en las poesías de García Lorca, pero también en *Un perro andaluz,* cuando la nube/navaja corta el ojo/luna de la mujer. Al principio, la cámara no nos da más que una panorámica de este paisaje ajeno, acompañada sólo por el sonido del viento, otro elemento inquietante en una escena que nos traslada al mundo de los objetos oscuros del deseo. El viento, el cierzo aragonés, soplando a través del secarral, seguirá desempeñando un papel importante —de fuerza elemental, de símbolo fálico (como el «Cristobalón que nunca duerme» de la famosa poesía de Lorca, «Preciosa y el aire»)— en la puesta en escena del resto de la película.

Puesta en escena

Mucho se ha escrito sobre la importancia de la puesta en escena en el cine (véase, por ejemplo, Elsaesser [1987], Bordwell y Thompson [1979], Gibbs [2002]). Gibbs recuerda que los elementos básicos de la puesta en escena son los contenidos del encuadre —la luz, el vestuario, el decorado, los accesorios y los actores mismos— todo esto con relación con la cámara, lo cual significa que hay que tener en cuenta la posición y el movimiento de ésta, así como la lente elegida (2002, 5). En cuanto a la luz, Bigas Luna (Vidal 1992, 91) comenta que, trabajando con José Luis Alcaine por primera vez, quería una luz fuerte y limpia para recalcar los colores del espacio y de los vestuarios de los personajes como símbolos de una España pasional y arraigada en la tradición, pero también para abogar por la modernidad, por una España que no pide disculpas, pero también, quizás, una España vista en cierto modo desde fuera. Todos los accesorios —por ejemplo, los calzoncillos, los jamones, los coches y motocicletas— forman parte de este proyecto.

Mediante el decorado, Bigas Luna crea contrastes de valores, actitudes y estructuras psicológicas. Uno de los más marcados concierne a las diferencias de clase y de personalidad entre Raúl y José Luis. La rivalidad de éstos se refleja en el ambiente en el que viven: el lugar de definición de Raúl es un almacén de jamones, el de José Luis es la casa de sus padres, espacio de una niñez de la que no ha podido liberarse. Después de la decisión de Silvia de cortar con José Luis, vemos a Raúl jugando a la máquina tragaperras del bar, mientras que José Luis juega en casa con la suya, una minimáquina tragaperras, como de juguete, tocándola, significativamente, cuando su madre otra vez insiste en que termine su romance con Silvia. En esta escena, como en todas, la actuación, los gestos, los cambios de expresión del actor (aquí Jordi Mollà, con sus movimientos suaves y en cierto modo torpes debidos, quizá, a la proximidad de su madre), son de suma importancia. En el bar, sin embargo, Raúl sigue jugando a la máquina tragaperras cuando se da cuenta de que Silvia se acerca; no le da la cara, pero hace una ligera mueca, que expresa su orgullo y satisfacción al ver que ésta le prefiere a él antes que a José Luis. Gestos como éste contribuyen a la expresividad de la puesta en escena y, para evaluar su contribución al efecto total de la película, tienen que ser examinados en relación con el resto de los elementos.

De entre éstos son esenciales la posición de la cámara y el encuadre de los objetos y personajes. El movimiento de la cámara cuando, por ejemplo, capta el paisaje yermo de Los Monegros no solamente presenta la extensión de este territorio sino que contribuye al tema de la interrogación y exploración de los deseos de los personajes. El movimiento lento de la cámara en películas como *Frenesí* (Frenzy, Alfred Hitchcock, 1972), o *Halloween* (John Carpenter, 1978), a menudo produce un efecto de suspense; sabemos que algo malo va a pasar, y la perspectiva subjetiva de la cámara aumenta el efecto inquietante. Por otra parte, el movimiento de la cámara en las películas de Buñuel —sobre todo las últimas— complementa formalmente el análisis de los motivos de los personajes. Esto se ve muy claramente, por ejemplo, en *Diario de una camarera* (Le Journal d'une femme de chambre, 1964), donde, además, el carácter casi detectivesco de Céléstine (Jeanne Moreau), que trata de descubrir la identidad del asesino de la niña, encaja muy bien con la cámara móvil empleada por Buñuel en la película.

El encuadre de Bigas Luna también merece ser analizado. Por ejemplo, la película abre con la cámara dispuesta detrás de los testículos del toro de Osborne. Inicialmente, sólo se ve un fondo negro sobre el que ruedan los créditos, pero la cámara se aleja progresivamente, dando cada vez más la impresión de que esa negritud corresponde a un objeto —ya que estamos en lo alto, ¿será el badajo de la campana de una iglesia?— que poco después se revela como la silueta de los testículos del toro. Esto implica que lo que sigue, toda la acción de la película, habrá de verse desde la perspectiva y bajo la influencia no de la moral —como, por ejemplo, tras la primera escena del campanario de *Sólo el cielo lo sabe* (All that Heaven Allows, Douglas Sirk, 1955)— sino de lo animal, lo sexual, lo cultural. Es el equivalente visual del efecto auditivo que Bigas Luna crea en *Bámbola* cuando los gritos de éxtasis sexual acompañan la imagen de un amanecer en un paisaje rural. En *Jamón jamón*, de hecho, la cámara se distancia lentamente hasta mostrar a lo lejos un terreno en el que dos hombres torean con un monosabio, como para decirnos que este espacio está dominado por lo taurino, y todo lo que esto simboliza. Pero incluso aquí la tradición se codea con lo moderno, ya que esta improvisada plaza de toros es, en realidad, un campo de fútbol. La «faena» llevada a cabo por las primeras personas que vemos en la película es el preludio que anticipa el drama que tendrá lugar en el anfiteatro de Los Monegros.

En *Jamón jamón* lo taurino invade todo: los diálogos, ciertas actitudes o creencias, y a veces incluso las estrategias visuales de la película. Por la forma en la que está filmado, el cartel del puticlub «Club Lovers» se asemeja a los testículos del toro de Osborne, y, como éstos, está también algo dañado: en ambos casos la cámara se sitúa en lo alto, captando un objeto parcialmente roto; y en ambos casos, el concepto del amor es evocado irónicamente —en el «Lovers» del nombre del puticlub, y en los testículos del toro. Significativamente, tanto el cartel del club como el panel de los testículos están a merced de la comercialización: las palabras «Club Lovers» están escritas encima de «Tri-naranjus», sugiriendo, por un lado, que el amor está subvencionado por intereses comerciales, pero recordando también que aquí el amor se convierte en una transacción económica; y el toro debajo del cual hacen el amor los jóvenes es, en última instancia, el anuncio de una fábrica de brandy.

La puesta en escena es, desde luego, la pieza clave del engranaje que transforma un guión en película y, si en todos los géneros el estudio de la puesta en escena es importante, tanto más en el melodrama. Muchos autores (por ejemplo Brooks, 1976) han escrito sobre el melodrama fílmico y sus orígenes en el teatro, sobre todo en Francia. El término «melodrama» es, sin embargo, complicado, porque aparte de referirse a un género, es una palabra que, como han señalado varios estudiosos, alude a tendencias de la actuación, el tema y la narrativa, que pueden encontrarse en otros géneros. Sin embargo, como ha insistido en varias entrevistas el propio Bigas Luna, *Jamón jamón* se inspira en, pero también complica, los elementos básicos del género del melodrama, aquel género obsesionado con el exceso: emociones exacerbadas, acciones extravagantes, todo reflejado en una puesta en escena muy enfática.

En los melodramas tradicionales, según han comentado muchas autoridades, lo reprimido retorna en la puesta en escena o en la música de la película. *Jamón jamón*, realizada no en tiempos de censura o de ideologías conservadoras sino aprovechándose de un clima posmodernista en el arte y liberal en la política, se sirve del género del melodrama de una forma autorreflexiva y metaficcional, para comentar irónicamente las costumbres, tabúes, y aspiraciones de tradiciones pasadas que, a pesar de los esfuerzos de renovación, siguen perdurando. Esta película contempla irónicamente los ritos de una cultura que aún anda acostumbrándose a la democracia, adaptándose a nuevos valores, intentando despojarse de lo negativo del pasado pero tratando al mismo tiempo de no sustituir lo bueno tradicional por lo malo moderno, esto último representado fundamentalmente por Europa y EE. UU. *Jamón jamón* explora las consecuencias para el hombre y la mujer modernos de las tensiones entre naturaleza y civilización. El símbolo más potente de la España tradicional es el toro, aquí el toro del brandy Osborne, este animal mítico que habita las colinas de las carreteras nacionales, su perfil oscuro y macizo encarnando el culto a la virilidad que sigue complicando los conceptos de la masculinidad y de la feminidad en el país. La acción de *Jamón jamón* se desarrolla bajo la sombra de este símbolo, pero se nota que los «testículos ostentosos» bajo los cuales los novios hacen el amor ya tienen una grieta, lo que facilitará el posterior ataque de José Luis, que proyecta sobre estos testículos taurinos su furia y sentido de insuficiencia ante la traición de Silvia con Raúl. Mediante este gesto José Luis se castiga a sí mismo y ataca el culto a la virilidad del que es víctima.

Todos los personajes masculinos son hombres fracasados: el padre de José Luis no muestra ningún interés ni cariño por su mujer, pareciendo sólo capaz de sentir deseo por una hija-sustituta (Silvia) o una puta (Carmen); José Luis es un cobarde que no puede contradecir los deseos de su madre; Raúl, a pesar de su aparente virilidad, termina no en los brazos de su novia sino en los de una figura maternal, la madre de José Luis. En *Jamón jamón* la pérdida de la masculinidad tradicional no es añorada, pero sí se echa de menos una masculinidad adulta, responsable y digna, algo de lo que ninguno de estos varones, símbolos de una sociedad en crisis, parecen capaces.

Pero la expresividad de la puesta en escena —realizada sin ninguna necesidad de recurrir, como en el caso de los directores de los años cuarenta y cincuenta tanto en España como en Hollywood, a estrategias indirectas— se ve además acompañada por una gran cantidad de alusiones intertextuales, y por la característica ironía de Bigas Luna. La intertextualidad y la ironía se entrecruzan en las referencias, sobre todo, a Goya y a Billy Wilder, además de las ya comentadas a Buñuel. No es, por cierto, la única vez que una película de Bigas Luna alude a Goya: el cuadro de la duquesa de Alba colgado en la habitación de la protagonista de *Caniche* (película que contiene muchas citas visuales a la serie de grabados *Caprichos*) y, sobre todo, su posterior *Volavérunt,* evidencian la atracción de Bigas Luna por el pintor aragonés. La evocación en *Jamón jamón* del *Duelo a garrotazos* subraya no solamente la cuestión del pundonor masculino sino la de los instintos violentos como componente importante en la psicología del hombre.

La lucha termina con los adversarios arrodillados, y sus posturas llaman la atención no solamente, como comenta Bozal respecto a la pintura negra de Goya, por «la naturaleza irrevocable del duelo» (1997, 79), hundidos los dos en la tierra (lo que recuerda también la última escena de *Un perro andaluz*), sino por la mutilación del individuo por sus tendencias violentas. La actitud física de los personajes simboliza su derrota mental. Y esta mutilación, tanto mental como física, destruye al individuo, hasta conducir, en el caso de José Luis, a la muerte.

En esta escena goyesca, el ataque de José Luis a Raúl,

Los mutilados de *Un perro andaluz* (Buñuel).

exacerbado tras ver a su propia madre —a quien llama «puta»— saliendo de la cama de su odiado rival, expresa de forma dramática el fracaso de sus intentos por controlarse a sí mismo. En vez de enfrentarse a sus propios problemas (sobre todo el no haber podido separarse emocionalmente de su madre), se deja vencer por la violencia. El ataque a Raúl presenta cuatro niveles: 1) es un asalto al hombre que le ha sustituido como novio de Silvia; 2) es un ataque al hombre que le ha reemplazado como objeto de cariño/deseo de su madre; 3) por un proceso de transferencia, es también una agresión a esa madre, que ha creado y distorsionado su propia identidad; 4) finalmente, es un ataque —también por transferencia— a sí mismo, ya que al arremeter contra Raúl, José Luis está revolviéndose contra el hombre sobre el que ha proyectado su propia identidad odiada y rechazada, con una compleja mezcla de culpabilidad, rencor y desprecio. El deseo de destrozar violentamente el mal que ve en su rival es también una forma de destruirse a sí mismo. De hecho, José Luis muere a manos de Raúl, su otro yo.

Pero es sobre todo la puesta en escena la que expresa de forma dramática las causas de este trágico fin. La lucha de los varones tiene lugar al aire libre, como la corrida de toros, en un paisaje desnudo que simboliza la masculinidad ibérica. A

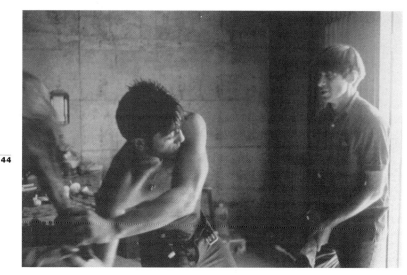

El macho ibérico (Javier Bardem) contra el niño pijo (Jordi Mollá).

diferencia de la pintura de Goya —donde hay un contraste entre el agradable paisaje y el brutal acto de los antagonistas— el espacio de *Jamón jamón* es más teatral, e incluso metaficcional. Cuando los personajes se agrupan en una serie de parejas románticas en el *tableau* final, y tras quedar inmóviles, se percibe a lo lejos un rebaño de ovejas cruzando el terreno, es casi inevitable recordar el estatismo causado por los valores y actitudes regresivos de los personajes de *El ángel exterminador* (Luis Buñuel, 1962), película que también concluye con la llegada de un rebaño de ovejas. Pero este duelo final es también un espectáculo teatral, con aspectos públicos, culturales y tradicionales. El duelo es la proyección, en términos rituales, de valores y tensiones creados en el dominio privado de la familia. La familia que contempla la reyerta entre José Luis y Raúl está asistiendo a la proyección de sus propios dramas psicológicos y culturales. Por ello, la puesta en escena de los espacios exteriores en esta parte final, así como en otros muchos momentos de la película, tiene que interpretarse en relación con la puesta en escena de los interiores, sobre todo de las casas y de los lugares de trabajo de las familias de José Luis y Silvia.

La expresividad de la puesta en escena en *Jamón jamón* está complicada en otras ocasiones por referencias críticas e irónicas a la cultura norteamericana, sobre todo a la identificada con Hollywood. En un momento dado, por ejemplo, José

La conclusión de *El ángel exterminador* (Buñuel) anticipa la de *Jamón jamón*.

Luis y sus amigos mean sobre una lata de Coca Cola. Pero el momento es irónico, porque tanto en casa de los padres de José Luis como en el ambiente del puticlub lo norteamericano es precisamente lo que se valora: en casa, Manuel ve un partido de fútbol americano (es decir, no europeo) en la televisión, mientras que en el puticlub hay una referencia indirecta a una película de Billy Wilder, *Bésame tonto* (Kiss Me Stupid, 1964). Como señala Wayne C. Booth (1969) hay dos tipos de ironía: el primero remite a personajes que tienen acceso a información no dada a otros; el segundo es aquél en que los espectadores, y no los personajes, están al tanto de tal información. La ironía de Bigas Luna, como, por ejemplo, la de Valle-Inclán (con quien tiene muchos puntos de contacto), es del segundo tipo, lo cual le conecta también con Sirk, quizás el director de cine norteamericano que más brillantemente la usó (Babington y Evans 1990, 48), y le convierte en uno de los maestros de la ironía del cine español. Los personajes de Bigas Luna, como los de Sirk, no poseen información privilegiada: son los espectadores los que la tienen. Un ejemplo menor de este tipo de ironía se da en una de las escenas en el bar, en que unos cuantos amigos o conocidos de Silvia y de José Luis comentan el embarazo de aquélla. Uno sugiere que el niño no es de José Luis, y otro contesta: «Esto sería una guarrada» —opinión

Duelo a garrotazos (Goya).

que mezcla sentimientos de orgullo, machismo y de identificación con su amigo. Cuando otro de ellos comenta que «ya son
tres», señalando a José Luis y a Silvia, el sentido literal del comentario es que Silvia está embarazada, pero el sentido irónico
—no captado por los personajes— apunta hacia la intervención en la vida de Silvia y José Luis de Raúl, algo de lo que ya
están al tanto los espectadores.

Son también los espectadores los que relacionan la lucha
final de los hombres con el *Duelo a garrotazos* de Goya, y son
ellos los que posiblemente perciban también las conexiones entre las escenas del puticlub en *Jamón jamón* y las de *Bésame
tonto*. En esta última, la rutinaria vida de dos hombres provin-
cianos con aspiraciones musicales se ve de repente sacudida
por la llegada al pueblo de Dean Martin, camino de Climax, Ne-
vada. Sabiendo de su debilidad por las faldas, inventan una es-
tratagema consistente en apartar de la casa por una noche a la
mujer de Ray Walston y en «alquilar» a la prostituta local (Kim
Novak) por una noche para hacerla pasar por ésta y, dejándolos
a solas, lograr que seduzca al artista. Cuando Dean Martin y la
casada fingida se preparan para pasar la noche juntos, Ray
Walston se arrepiente e interrumpe la velada, expulsando a
Dean Martin de la casa. La gran ironía se dará cuando este último se dirija al puticlub y acabe pasando la noche en la carava-
na de la puta, donde por pura casualidad, y sin saberlo, se
acostará con la verdadera esposa del aspirante a compositor.

Dos son al menos los aspectos de esta película que resultan relevantes para la presente discusión de la puesta en
escena y la ironía de *Jamón jamón*: en primer lugar, la contami-
nación del pueblo por los valores sórdidos y materialistas de la

«Polly la pistolera» (Kim Novak), sin loro.

ciudad; en segundo lugar, el espacio significativo del hogar de la puta y el puticlub donde trabaja como símbolos del cinismo de la cultura contemporánea. Las conexiones entre estas dos películas se subrayan aún más por el pequeño detalle de los

loros: el de Carmen en *Jamón jamón*, «Guaca», no dice nada
más que «¡Polla! ¡Polla!»; el de «Polly the Pistol» en *Bésame
tonto* sólo pronuncia las palabras «Bang! Bang!» (juego de palabras en inglés que significa «disparar» y «follar»). El uso de
los loros se inserta en la tradición de los bestiarios en las culturas occidentales, actuando como vehículo para la expresión de
lo animal en los seres humanos. Los loros, aquí, representan la
dimensión sexual de sus dueñas. Significativamente, cuando
José Luis se desespera de su relación con Silvia, se dirige al

puticlub y, agresivamente, espanta a Guaca de su percha,
como para liberarse de sus deseos sexuales. Mediante este
gesto José Luis también ataca a las mujeres —Carmen, Silvia,
y Conchita— cuya sexualidad, piensa él, le ha estropeado la
vida. El loro, además, establece otra conexión intertextual con
el cuadro de Zuloaga *Gitana del loro*. Zuloaga pintó dos cuadros de mujeres con loros. Uno, *Cortesana española* (1913),
también llamado *La del loro azul*, presenta a una mujer desnuda tumbada en un sofá, en el que reposa también un loro. El
otro, de 1906, al que se refieren Bigas Luna y Cuca Canals
(1994, 32), es el de una mujer morena y desnuda, de pie, en un
cuarto; en la mano derecha lleva un abanico, en la izquierda,
que está un poco apartada del resto del cuerpo, sujeta el borde de un chal negro. Un loro reposa sobre un palo a la izquierda del cuadro. La pose de la mujer es teatral: la pierna
izquierda está levemente adelantada, lo cual acentúa la sensualidad de sus caderas; su sonrisa y gesto en gran medida
exhibicionista —abriendo, como una cortina, el chal que cubre
su cuerpo— confieren un efecto dramático al cuadro. Esta mujer, cuya sexualidad se define, además, a través del color rojo
de sus zapatos y de la conexión entre su cuerpo y el del loro,
anticipa la representación de la mujer erotizada, la puta/madre
de Anna Galiena en *Jamón jamón*. Todo esto refuerza el contexto irónico de la película y, mediante el tono cómico de las
escenas con el loro, y otras muchas, consigue que el espectador adopte una perspectiva distanciada y conceptista, muy parecida al efecto creado por Calderón en los Autos
Sacramentales, donde los personajes representan ideas complejas más que seres humanos tridimensionales.

En este sentido *Jamón jamón* continúa la línea de las películas anteriores de Bigas Luna que, a pesar de la estética más
surrealista y el tratamiento más duro de los temas, comparten

Gitana del loro
(Zuloaga).

este distanciamiento. Aunque *Tatuaje*, basada en la novela poli-
cíaca de Vázquez Montalbán, es un *thriller* relativamente tradi-

cional, sus dos películas siguientes, *Bilbao* y *Caniche*, junto con *Angustia*, son quizás las más fuertes, y funcionan como fascinantes preludios del análisis de las relaciones entre los sexos presente en *Jamón jamón*. En estas primeras películas, sobre todo en *Angustia*, se revela el experimentalismo de la forma fílmica de Bigas Luna. *Angustia* pertenece a la tradición de, por ejemplo, *El moderno Sherlock Holmes* (Sherlock Junior, Buster Keaton, 1924), o *La rosa púrpura de El Cairo* (The Purple Rose of Cairo, Woody Allen, 1984), en cuanto a su exploración de la recepción de la obra creativa por parte de los espectadores. Este proceso de trazar la dinámica entre personajes de pantalla y espectadores señala la actitud distanciada del director, algo que sigue caracterizando sus últimas películas y, desde luego, *Jamón jamón*, en la que, como afirman Morgan y Jordan, se inscriben procesos de dramatización y de autorreflexión (1994, 60). *Jamón jamón* continúa una trayectoria en la que Bigas Luna insiste después en *Bámbola*, *La camarera del Titanic*, *Volavérunt* y *Son de mar*: la de analizar los motivos psicológicos del ser humano y, como él afirma, «hacer reaccionar a la sociedad» (Vall, 1992, 38).

Música

Incluso en la banda sonora, Bigas Luna introduce elementos irónicos. La mezcla de la música diegética de rock («¡Ésta sí, ésta no!») o boleros («Házmelo otra vez»), y la no diegética, es decir la música impuesta desde fuera de la acción sobre la narrativa, compuesta por Nicola Piovani, contribuye al efecto total de la película, ya reforzando el tema o los sentimientos de los personajes, ya creando un contrapunto, dándoles relieve. Como comenta Claudia Gorbmann, hay al menos cuatro elementos a tener en cuenta en las discusiones sobre el uso de la música en el cine: 1) no se puede juzgar el efecto de la música fílmica de la misma manera que el de la música no fílmica; 2) es importante recordar la calidad sinergética de la música fílmica —es decir, el hecho de que si se sustituyera la música de una escena por otra, el significado de la imagen y los diálogos también cambiarían; 3) la música fílmica no respeta las fronteras de espacio, personajes o tiempo; 4) la música acarrea connotaciones externas e internas a la película y, por consiguiente, determina la atmósfera, expresividad o ambiente de cualquier escena (1980, 202-203). Vale la pena mencionar brevemente el uso de la música en las películas de Bigas Luna. *En Las eda-des de Lulú*, cuando Pablo (Oscar Ladoire) y Lulú (Francesca Neri) hacen el amor se oye la famosa canción «Take a Walk on the Wild Side», para recalcar lo experimental y arriesgado de su trato sexual; en *Huevos de oro*, las canciones de Julio Igle-sias expresan las ambiciones materialistas de Benito González; en *Bilbao*, la canción «Bilbao», cantada por una de las más fa-mosas cantantes alemanas, Ute Lemper, resalta la obsesión sexual del protagonista; y en la misma película, sobre todo la música no diegética del grupo Iceberg, caracterizada por lo que Bigas Luna llama «cadencias arrítmicas y repetitivas [...] de Ravel» (Pisano 2001, 93) intensifica la atmósfera negra y per-vertida del mundo en el que se mueve el personaje hipnotizado interpretado por Ángel Jové.

En un análisis del estilo distanciado e irónico de *Jamón jamón* el efecto de la música no diegética de Nicola Piovani es relevante. Esta música, usada al principio de la película para introducir los temas principales, lírica, algo melancólica —pri-mero conducida por una flauta, luego por un saxofón y un pia-no— contribuye a los efectos arriba mencionados pero, además, ya que Piovani fue el compositor de las últimas pelí-culas de Fellini (por ejemplo, *Ginger y Fred),* a la complejidad intertextual de la película. Como las referencias —conscientes e inconscientes— a Buñuel, Dalí, Goya y Wilder, la alusión a Fellini subraya el ambiente mediterráneo de la película e insiste en lo ficticio de *Jamón jamón.* No ha de entenderse el término ficticio en el sentido de divorcio entre los temas de la película y la realidad, sino en cuanto al distanciamiento en el tratamiento de los mismos, de esa realidad, y de los espectadores. Aunque lloramos, como en todos los melodramas, con Silvia, José Luis, Raúl y los padres, cuando las cosas van mal, también, como en el caso de Sirk, nos distanciamos —mediante la iro-nía, el sentido del humor y la intertextualidad— de nuestras emociones y de las de los personajes, para poder ver las es-tructuras y valores culturales que los mantienen.

Temas y narración

¿Cuál es el tema fundamental de *Jamón jamón*? Los propios autores del guión lo definen en su libro *Retratos ibéricos*, su va-lleinclanesco «ruedo ibérico», como el del amor de la Bella por

la Bestia: «Penélope Cruz frente al toro. La bella y la bestia. Silvia, símbolo universal del deseo. La chica jamona, la que todos
se quieren comer. Ella de rojo, el toro de negro. La pasión y lo
negro. La vida y la muerte» (Bigas Luna y Canals, 1994, 14).

La historia de la Bella y la Bestia es, según Bruno Bettelheim, uno de los cuentos de hadas más significativos. Mientras
el cuento de Barba Azul se centra en los aspectos negativos
del deseo sexual, proyectándolo como algo oscuro y que provoca consecuencias nefastas, La Bella y la Bestia presenta el
sexo como una parte fundamental del amor, algo que demuestra que el amor entre un hombre y una mujer no es solamente
una de las emociones más profundas del ser humano, sino que
puede ayudar a superar el propio narcisismo (Bettelheim, 1988,
308). La Bella en esta película es Silvia; la Bestia es principalmente Raúl, pero también, de una forma más indirecta, José
Luis y Manuel. La historia original cuenta con más personajes:
las hermanas intensamente egoístas, y el padre de la Bella, por
quien ésta siente un amor profundo, pero del que tiene que separarse para llevar a cabo su viaje hacia la madurez y hacia sí
misma. En *Jamón jamón* Silvia también tiene dos hermanitas,
pero no destacan mucho en el argumento y tampoco demuestran rencor o celos hacia ella; sin embargo, el padre del cuento
tiene sus equivalentes aquí no sólo en la figura del padre violento de Silvia sino también en el de José Luis. *Jamón jamón*,
pues, respeta los elementos esenciales del cuento original. En
el cuento es necesario que la Bella abandone a su padre, que
vuelva a la Bestia para convertirse en adulta y para que la feal-
dad de la Bestia se transforme en una humanidad atractiva e
ideal que le permita cumplir con su destino de convertirse en
digno esposo. *Jamón jamón* no es estrictamente un cuento de
hadas, desde luego, y el final feliz no encajaría en una película
que explora los conflictos entre el deseo, las relaciones familiares y los prejuicios de clase. La película acaba con el espectáculo de una chica que no ha podido hacerse mayor. En el
cuadro final la vemos no en brazos de José Luis ni en los de
Raúl, sino en los de un hombre que pudiera ser su padre, papel
desempeñado por Juan Diego, quien en aquel entonces conta-
ba 50 años (Penélope Cruz tenía 17). Sospechamos desde las
primeras escenas que la película no tendrá un final feliz, pero lo
que interesa son los pasos que conducen al fracaso, y la imposibilidad por parte de Silvia de encontrar una pareja psicológi-

Silvia (Penélope Cruz) y Raúl (Javier Bardem): la bella y la bestia.

camente madura y moderna, no marcada irremediablemente por los prejuicios culturales del pasado. Silvia es la protagonista, la que empuja la narrativa. Es el personaje cuyos altibajos sentimentales controlan la estructura tripartita de la película: Silvia con José Luis, Silvia con Raúl, Silvia con Manuel.

Silvia/Penélope Cruz

Hollywood finalmente se ha dado cuenta del ascenso de Penélope Cruz en el cine español, y la ha conquistado con papeles en *Woman on Top* (Fina Torres, 2000), *Todos los caballos bellos* (All the Pretty Horses, Billy Bob Thornton, 2000) y *Blow* (Jonathan Demme, 2001). El impacto del reconocimiento de Penélope Cruz por Hollywood, intensificado por su romance con Tom Cruise, ha convertido a Cruz/¿Cruise? (y el juego de palabras sobre los apellidos de ambos subraya su relación simbiótica) en figura casi omnipresente en los medios de comunicación, en reportajes de televisión y en un sinfín de portadas de revistas como *Lecturas* (enero de 2001), *Hola* (marzo de 2001), *Iberia Ronda Magazine* (marzo de 2001*), GQ* (marzo de 2001) y *Vogue* (mayo de 2001*)*, entre muchas otras. Ha sido la «Carmen» del perfume de Victorio y Lucchino, como proclama el anuncio «hecha de fuego, sangre tierra y luna» (elementos ya presentes en *Jamón jamón*), y ha protagonizado anuncios tele-

visivos de Ralph Lauren en España y en el extranjero. Los coti-
lleos sobre Penélope Cruz, «superestrella», son de lo que más
vende. ¿En qué consiste su popularidad? Para contestar esta
pregunta hay que examinar su proyección de una personalidad
tanto ideal como deseable.

En su discusión sobre las estrellas cinematográficas Paul
Macdonald afirma que no es recomendable limitarse «al exa-
men de películas específicas o a la interpretación de las estrellas» (1995, 83). A las estrellas se las entiende, además, mediante complejos procesos de intertextualidad, relacionados con
todo tipo de discursos, los que tienen que ver con los textos o
contextos de producción cultural, y los que no encajan dentro
de éstos, aquéllos a los que, en una discusión sobre «La construcción de la feminidad y el deseo de la madre», Silvia Tubert
define como «una posición sexuada [que] organiza en cuanto tal
su deseo, [...] una realidad que se distingue del individuo anató-
micamente femenino» (1993,52). Si se reconoce la importancia
de la intertextualidad discursiva en la construcción de una estrella, será apropiado estudiar el fenómeno Penélope Cruz, tomando como punto de partida el análisis de Edgar Morin (1960)
sobre las estrellas y organizándolo bajo dos encabezamientos:
como fantasía de lo ideal y/o como objeto del deseo.

El ideal femenino

Los comentarios de Morin sobre las estrellas de Hollywood
como ideales que promueven la mitología del amor romántico
se reflejan también en los mecanismos ideológicos del cine español. El estreno en el cine de Penélope Cruz como protagonista fue en su papel de Silvia en *Jamón jamón*, película que
aborda temas de identidad personal y cultural. Como comenta
Celestino Deleyto, la Silvia de Penélope Cruz representa, entre
otras cosas, un estereotipo de la feminidad española. Hay que
subrayar, además, cómo reincide en papeles de hija, aquí
como en otras muchas películas. Es una hija en *Belle Epoque*
(Fernando Trueba, 1992), *Entre rojas* (Azucena Rodríguez,
1994), y *La Celestina* (Gerardo Vera, 1996*)*; su relación con Pablo padre (Oscar Ladoire) en *Alegre ma non troppo* (Fernando
Colomo, 1994*)* es como de padre/hija; es, también, la «niña» en
La niña de mis ojos (Fernando Trueba, 1998). La «niña», es decir, la de todos los espectadores, la de toda España, a la que

se refieren a menudo como «nuestra Penélope». Una de las
imágenes que más subraya esta mezcla de hija sumisa, obediente, infantil y mujer erotizada se encuentra en un reportaje
en *Cinemanía,* que la presenta «embutida en sus mejores galas
sixties, [viviendo] un relanzamiento en su carrera, tras su destacado papel en *La Celestina* y su brillante actuación en la piel
de Diana Balaguer» (Albert, 1997, 6-11). Estas palabras aparecen impresas sobre un primer plano de Penélope Cruz, vestida
con un jersey verde y collar de perlas. Lleva pelo largo, liso y
negro; los ojos miran hacia abajo —es decir no al fotógrafo/es-
pectador— gesto que indica sumisión y respeto, y no desafío.
Se ve sólo una mano, y su pulgar en los labios entreabiertos
recuerda a un bebé. Aun cuando Penélope mira directamente
al fotógrafo/espectador, como en la portada de *Lecturas*
(5/1/01), o de *Hola* (15/3/01), la sonrisa, la mirada, o la actitud
general, connotan, normalmente, dulzura, suavidad, sumisión.
«El rostro nuevo de España», como la clasificó *Newsweek*, sigue reteniendo algo del rostro antiguo —de una feminidad sumisa— del país. Y aunque es cierto que trastoca las
características de este papel en *Blow*, éstas son las cualidades
que aporta a la mayoría de los papeles de sus películas ameri-
canas, en las que sigue representando papeles de hija: por
ejemplo, en *La mandolina del capitán Corelli* (Captain Corelli's
Mandolin, John Madden, 2001), o en *Todos los caballos bellos.*

La erotización de su cuerpo de hija la transforma en un
ideal fantaseado. En «La psicología del grupo y el análisis del
ego», Freud resume los procesos de identificación de esta forma: «[...] el objeto sustituye algún ideal del ego. Lo queremos
por las perfecciones que hemos tratado de alcanzar en nuestro
propio ego, y que queremos conseguir de esta forma indirecta
para satisfacer nuestro narcisismo» (1985, 82). Penélope Cruz,
a pesar de haber modificado su apariencia para acomodarla a
los requisitos de la moda —adelgazando extremadamente, por
ejemplo, para ser la imagen de Ralph Lauren— sigue mante-
niendo en la proyección de su personalidad los aspectos de
hija buena y española.

En *Jamón jamón*, a pesar de ir en busca de un padre, está
aliada con la madre buena que, aunque puta e italiana, representa los valores positivos del Mediterráneo. Su imagen de hija
obediente predomina incluso en papeles más rebeldes, como
en *Entre rojas, Carne trémula* (Pedro Almodóvar, 1992*)* o *Todo*

sobre mi madre (Pedro Almodóvar, 1999). El triunfo de estas tendencias suaves y dulces sobre otras más agresivas se expresa aún más nítidamente en *Belle Epoque*. Marginada por sus hermanas al principio del filmo, Penélope Cruz como «Luz» (un nombre cargado de simbolismo) se impone cada vez más a lo largo de la película, hasta dejar de ser la Cenicienta y convertirse en una fantasía que formará con Jorge Sanz la pareja ideal deseada por la narrativa romántica. Mientras, al principio, Maribel Verdú, Ariadna Gil y Miriam Díaz Aroca proyectan imágenes de una feminidad atractiva y enérgica, hacia el final Penélope Cruz encarna la esencia de lo que la película presenta como la feminidad ideal. Su imagen inicial es ingenua, adolescente, casi asexuada, con el pelo recogido en trenzas, las cejas demasiado marcadas, y el cuerpo tan delicado y torpe como el de una potrilla. Esta apariencia contrasta marcadamente con la imagen voluptuosamente erotizada de Maribel Verdú, o la feminidad varonil de Ariadna Gil, o la exageradamente convencional de Miriam Díaz Aroca. Su aura de adolescencia es aún más llamativa cuando en un momento de la película aparece vestida con un vestido de flores. Cuando vuelve la madre —con su amante— una vez concluida su gira como cantante de ópera, la vemos en una escena sentada en la cama y rodeada por sus hijas, pero significativamente es Penélope Cruz la que se encuentra más cerca de ella, y a la que se le permite poner la cabeza sobre el generoso pecho maternal. Cuando, después de varias aventuras sexuales con las otras hermanas, Jorge Sanz por fin se fija en Penélope Cruz, las hermanas espían el encuentro romántico en el *locus amoenus* silvestre, y Maribel Verdú exclama: «El primer amor; tan puro, tan casto, tan espiritual». Estas palabras, irónicas, incluso teñidas de envidia, se refieren a Luz, pero también van más allá de los límites de la narrativa para colaborar en el proceso de creación de Penélope Cruz como un ser definido por estas cualidades.

Éstos son los atributos mediante los cuales el/la espectador/a se identifica con ella, atributos que apelan a la inocencia perdida de los espectadores, pero que, desde luego, no están reñidos con su atractivo erótico, que se expresa al final de la película cuando la cámara elogia la grácil belleza de su estrella más taquillera. Luz aparece vestida con un camisón de raso, el pelo suelto como para destacar su feminidad y, según se acerca a la cama de Fernando (Sanz), la cámara enfoca primero

Penélope Cruz: dulzura y suavidad.

sus nalgas, luego el pecho y, finalmente, la cara. En ese momento desterramos al fondo de nuestra memoria —no para siempre sino sólo temporalmente— la imagen casi infantil que teníamos de ella, con sus trenzas, vestidos de niña y voz nasal y pubescente, mientras disfrutamos de la belleza sensual de

los labios carnosos, ojos oscuros y cuerpo repentinamente voluptuoso de esta Cenicienta, creada para el espectador que,
quizá respondiendo a complejos procesos de identificación, se
ve a sí mismo como su príncipe azul.

Objeto del deseo

Pero su cualidad filial es también un componente primor-
dial de su atractivo sexual. Su papel de hija en *La Celestina* aparece, como en casi todas sus películas, condimentado con lige-
ras actitudes feministas de disgusto y firmeza, añadiendo así a
su personalidad un toque de gracia y rebelión. En su ensayo
dentro del volumen *Mitologías* sobre los mitos de las ideologías
de derechas, Barthes explica cómo «se inmuniza la imaginación
colectiva por una pequeña inoculación de maldad; de esta forma se la protege contra el riesgo de una subversión más grave»
(1972, 150). Mientras que, por poner un ejemplo en cierto
modo antitético, parte del atractivo de Victoria Abril —otra es-
trella/niña del cine español— reside en que sugiere la amenaza
y el peligro de un lince, Penélope Cruz tiene menos de animal
fiero y más de gatita juguetona y domesticada, características
que ni siquiera películas como *Sin noticias de Dios* (Agustín Díaz
Yanes, 2001) han conseguido eliminar. En *La Celestina* su rebeldía adolescente no se dirige hacia las creencias conservadoras
del momento, sino que responde a las leyes del amor cortés. A
menudo se la ve en la iglesia, rezando, el pelo largo y suelto,
con mucho escote: la Melibea de Penélope Cruz es un objeto
de deseo desprovisto de complicaciones o motivos oscuros.

En *Entre rojas*, representa también el papel de hija buena;
aquí el padre tradicional (interpretado por Karra Elejalde), an-
gustiado por la colaboración de su hija con los activistas políti-
cos en los últimos años del régimen franquista, ha
reemplazado al Pleberio (Lluís Homar) de *La Celestina*. Casi las
primeras palabras que pronuncia Lucía (otro nombre que evoca luminosidad) cuando la visita su padre en la cárcel son: «Yo
no he hecho nada, papá». Al igual que en sus otros papeles, le
están permitidos ciertos momentos de desafío, como cuando
cuestiona la autoridad de las guardias —especialmente cuando la interpretada por Ana Torrent ordena que a una de las pri-
sioneras se le quite a su niño— o cuando, más tarde, ayuda a
sus camaradas a tratar de escapar de la prisión. Pero al lado

de estos momentos de rebeldía hay otros que subrayan su feminidad más convencional: en algunas tomas se la ve haciendo sus ejercicios de bailarina, en una variedad de atuendos y posturas, lo que evidencia menos interés en mantener la verosimilitud histórica de la narrativa que en ensalzar la belleza de la actriz. La cárcel, de hecho, en ocasiones se asemeja a una casa de modas, en la que el pelo de Cruz pasa por varias transformaciones (corto y rizado, liso, suelto, atado, liso otra vez), y sus ropas van de *kaftanes* a faldas estilo Laura Ashley, pasando por vaqueros, y una multitud de camisetas de varios colores. Todo esto, en cierto modo, socava la integridad temática de la obra, y en última instancia presenta a una Penélope Cruz que se viste para el disfrute visual del espectador más que para estar a tono con el papel supuestamente subversivo que desempeña en la película.

Este efecto se mantiene incluso en películas donde el personaje representado por Penélope Cruz no tiene padre, como en *Alegre ma non troppo,* donde sin embargo hace el amor con Oscar Ladoire, otro hombre, como Juan Diego, que podría ser su padre. Como en *Entre rojas*, Cruz pasa aquí por muchas modificaciones de vestimenta y maquillaje. Oscila entre la informalidad contemporánea de una chica con aspecto de muchachito —con pelo corto y pantalones— y la feminización más tradicional sugerida por el uso de los vestidos. Al igual que en *Jamón jamón*, sus cambios de apariencia aquí denotan el conflicto entre tradición y modernidad. *Alegre ma non troppo* ofrece además una oportunidad de exponer más claramente su sensibilidad. Cuando Pere (Jordi Mollà) finge suicidarse, ella empieza a llorar, apuntando a una feminidad de tipo convencional. Su nombre aquí, «Salomé», es irónico, ya que su feminidad es diametralmente opuesta a la de la mujer fatal del Nuevo Testamento. Lo atractivo de Cruz no está en las características de la mujer fatal tradicional (aunque en la vida real se especule con su responsabilidad en el fracaso del matrimonio de Tom Cruise y Nicole Kidman) sino en otra tendencia, más controlable, que no presenta ni reto ni amenaza castradora al hombre. Como dice Pablo (Oscar Ladoire), en su loa a la belleza de Salomé, ella es «joven, guapa, llena de luz».

Juventud, belleza y luminosidad son las características de Penélope Cruz (pero se podría añadir también «elegancia», porque sus películas no pierden la oportunidad de usarla casi

CARMEN

VICTORIO & LUCCHINO

SEVILLA

Penélope Cruz: «hecha de fuego, sangre, tierra y luna».

como modelo de pasarela). Cruz se distancia tanto de una sexualidad peligrosa como de la feminidad maternal asfixiante —en *Alegre ma non troppo* representadas respectivamente por la madre de Pere (Rosa María Sardá) y la mujer búlgara entrada en carnes que persigue a éste. Después de todo, no es solamente «Cruz» —con todos los ecos del catolicismo de su apellido— sino «Penélope», la mujer leal, perseguida por pretendientes, cuya fidelidad —mantenida por el truco del tapiz que hace y deshace ya que terminarlo significaría aceptar la muerte de su marido Ulises y su propia disponibilidad para casarse otra vez— ha pasado a ser uno de los símbolos más potentes de la felicidad matrimonial de la historia de la civilización europea. Éstas son las connotaciones del nombre recogidas en el famoso tema de Serrat, que inspiró a los padres de Penélope a llamarla así, según ella misma ha declarado en numerosas ocasiones, sobre todo recientemente, a raíz de la compilación de una variedad de temas famosos con objeto de recaudar fondos para la asociación SABENA, que acoge a niñas en Calcuta. Este disco incluía una versión de «Penélope» cantada por ella misma, elección que, al ímpetu humanitario de la recopilación, suma el componente de amor o agradecimiento filial por parte de la actriz, y el de fidelidad femenina evocado por la letra de la canción:

> Penélope
> con su bolso de piel marrón
> y sus zapatos de tacón
> y su vestido de domingo
> Penélope
> se sienta en un banco del andén
> y espera que llegue el primer tren
> meneando el abanico
> [....]
> Piensa en mí
> volveré por ti
> [...]
> Dicen en el pueblo, que el caminante volvió
> la encontró en su banco de pino verde.
> La llamó Penélope, mi amante fiel, mi paz
> Deja ya
> De tejer sueños en tu mente.
> [...].

Esta mezcla de niña y mujer, juventud y luminosidad, feminidad sumisa y belleza mediterránea ha llamado la atención de Hollywood, industria en busca de estrellas «étnicas» para su audiencia cada vez más hispana. Aparte de estas consideraciones, a Hollywood le fascina ahora Penélope Cruz de la misma manera que antes le atraían Gina Lollobrigida, Sophia Loren y las otras estrellas de la Europa latina (además de las actrices latinoame-

Penélope pop
Penélope Cruz,
embutida en sus
mejores galas
sixties, vive un
relanzamiento en
su carrera, tras su
destacado papel
en *La Celestina* y
su brillante
actuación en la piel
de Diana Balaguer.

'seriamente la salud'

Penélope Cruz: la niña de nuestros ojos.

ricanas como Dolores del Rio), porque, como afirma Molly Haskell, estas mujeres están arraigadas en siglos de tradiciones y culturas que han reforzado la imagen y los mitos de la mujer, haciendo más difícil que en el caso de sus hermanas norteamericanas la liberación de estas construcciones (1987, 277-322).

Desde esta perspectiva el contraste entre norteamericanas y latinas se ve muy claramente si se compara a Penélope Cruz con Meg Ryan. Ambas representan la chica de al lado, «the girl next door», guapa, informal e inofensiva para la masculinidad del héroe. Pero la esencia de Meg Ryan está basada en lo moderno; mientras que la esencia de Penélope Cruz se nutre de las narrativas y mitos de civilizaciones antiguas, construidas por las herencias griegas (Penélope) y judeocristianas (Cruz), que dotan de significado a una estrella claramente apta para su papel de hija en busca de un padre en *Jamón jamón*.

Protagonista y antagonista

Como argumenta Tudor Gates, en toda película bien lograda hay un conflicto entre el/la protagonista y el/la antagonista (2002, 66-79). En *Jamón jamón* la protagonista es Silvia, y la antagonista Conchita, la madre de José Luis. A diferencia de Carmen, la «puta madre» de Silvia, Conchita, la «madre puta» —como las denomina Bigas Luna en los mismos créditos de la película—, hace todo lo posible por destrozar las relaciones entre su hijo y la hija de la puta. La actitud de Conchita se justifica de tres modos: 1) sus prejuicios de clase; 2) los celos que siente, y que canaliza a través de la hija, por Carmen, de quien su propio marido ha sido amante o cliente, según nos informa Silvia durante una conversación con su madre; 3) las relaciones muy íntimas con su propio hijo, que rozan lo incestuoso, y que posiblemente han surgido de la necesidad de llenar el vacío existente en la relación con su marido.

Estos tres motivos crean un obstáculo insuperable en el camino sentimental de José Luis hacia Silvia. Sólo al final de la película, cuando ya es demasiado tarde, aquél se muestra capaz de rebelarse contra los deseos de su madre, de escaparse de la jaula ideológica y psicológica a la que le han condenado desde su infancia su madre y la cultura a la que pertenece.

Las señas de identidad social de Conchita se reflejan en el ambiente en que vive: gestiona con decisión una empresa, viste ropa elegante y conduce un Mercedes. Es una mujer que disfruta de todos los privilegios de su clase y a quien le horroriza el posible casamiento de su hijo con la hija de la puta de la zona. Es poderosa y dominante, y sus prejuicios sociales, in-

63

tensificados por los celos, se manifiestan tanto en situaciones familiares como públicas.

En la España de la democracia el papel de la mujer no se restringe a la labor doméstica, y esta película, como otras de los años ochenta y noventa, refleja la nueva dirección apuntada por María Antonia García de León: «[...] las tendencias que se observan de cara al futuro es [sic] la de un notable cambio social en la situación profesional de las mujeres españolas» (1994,146). No han sido solamente las directoras de conocido «pedigrí» feminista como Pilar Miró las que han aprovechado la oportunidad de dar carreras profesionales a sus protagonistas. *En Mujeres al borde de un ataque de nervios* (Pedro Almodóvar, 1988), por ejemplo, Pepa (Carmen Maura) es dobladora de películas; en *Cómo ser mujer y no morir en el intento* (Ana Belén, 1991) Carmen (Carmen Maura) es periodista, y en *La vida alegre* (Fernando Colomo, 1986), Ana (Verónica Forqué) trabaja en una clínica para toxicómanos y gente con enfermedades de trasmisión sexual.

En *Jamón jamón* es evidente el importante papel que desempeña Conchita en la fábrica de calzoncillos. Esto se observa por primera vez cuando la cámara enfoca en primer plano los «paquetes» de los aspirantes a modelo publicitario. El punto de vista de la cámara es el de Conchita. Esta perspectiva tiene por lo menos dos niveles de significado: nos informa de que su opinión es decisiva en el funcionamiento de la empresa, y además de que en la sociedad democrática ya no es la mujer exclusivamente el objeto del deseo sexual.

Mucho se ha escrito, inspirándose en los escritos de Laura Mulvey (1975, 1989), sobre la «mirada» en el cine clásico de Hollywood, algo que también ha tenido cierto impacto en la crítica del cine español. Mulvey opina que en el cine clásico de Hollywood la película se ve desde el punto de vista del hombre, quien además controla, por mecanismos de fetichismo y voyeurismo, la imagen de la mujer. El placer visual de la película clásica proviene de la dicotomía hombre=acción, mujer=sumisión (las teorías de Mulvey se refieren al cine clásico de Hollywood, no al cine europeo, ni comercial ni de autor). Aunque se ha criticado la inflexibilidad y aplicación monolítica de estas ideas —argumentando, por ejemplo, que dejan poco espacio para resistencias, contradicciones, procesos bisexuales, o voces disonantes y marginadas— no se puede negar la influencia que los escritos de Mulvey han tenido sobre los debates referentes a cuestiones de recepción, identificación, representación de los géneros, el placer fílmico, y otros temas de suma relevancia (véase, por ejemplo, Gledhill, 1987).

Siguiendo las tradiciones tanto del cine popular como de autor, en *Jamón jamón* la cámara se centra en los cuerpos de Penélope Cruz, Anna Galiena y Stefania Sandrelli, pero también en los de los modelos masculinos, y en especial en el de Javier Bardem. Cuando vemos los «paquetes» de los modelos desde el punto de mira de Conchita no nos queda duda de que, además de haber ganado terreno en el ámbito social y económico, la mujer ha logrado también apoderarse de la «mirada». No es la primera vez en una película de Bigas Luna en que un personaje femenino controla la mirada. Quizás el caso más interesante en este sentido, y, como en el caso de *Jamón jamón,* uno que cuenta con la colaboración creativa de una mujer, es *Las edades de Lulú*, película basada en la famosa novela de Almudena Grandes. La colaboración de Bigas Luna con Cuca Canals en *Jamón jamón* y las otras películas de la «trilogía ibérica» —*Huevos de oro* y *La teta y la luna*— asegura que el punto de vista de la mujer es aún más respetado y que, en cierto modo, da equilibrio a la perspectiva masculina del coguionista/director. Pero *Las edades de Lulú*, a diferencia de *Jamón jamón*, se centra casi exclusivamente en la cuestión de la mirada, dando libre expresión visual a los descubrimientos de la joven Lulú literaria respecto a su propio placer voyeurístico:

65

> Aquella era la primera vez en mi vida que veía un espectáculo semejante. Un hombre, un hombre grande y musculoso, un hombre hermoso, hincado a cuatro patas sobre una mesa, el culo erguido, los muslos separados, esperando. Indefenso, encogido como un perro abandonado, un animalillo suplicante, tembloroso, dispuesto a agradar a cualquier precio. Un perro hundido, que escondía el rostro, no una mujer (Grandes, 1991, 9).

La inversión de la fórmula mujer=sumisión, hombre=acción refleja, entre otras cosas, el cuestionamiento de las ideas tradicionales sobre los géneros en la España de la democracia, cuando el impacto de los movimientos feministas norte-europeo y estadounidense pudo por fin empezar a expresarse libremente.

En el papel de Conchita se combinan estas tendencias: es una mujer poderosa, tanto sexual como social y económica-

66

La «puta madre» (Anna Galiena) y el «padre cabrón» (Juan Diego).

mente. Pero el sentido de superioridad que demuestra respecto a Silvia y su familia está complicado por tendencias más tradicionales y universales: los celos y el odio. En varias ocasiones Conchita comenta los amoríos entre Manuel, su marido, y Carmen, la madre de Silvia. El guión no nos da datos explícitos; no sabemos por qué Manuel ha tenido relaciones íntimas con Carmen; sólo hay sugerencias, indicios, posibilidades. ¿Se habrá rebelado precisamente contra lo que él —hombre en cierto modo tradicional— consideraría los excesos de la mujer poderosa de la posdictadura? ¿Habrá sido motivado por los celos, por el resentimiento de los lazos íntimos y naturales entre madre e hijo, y el sentirse desterrado de una relación anteriormente exclusiva que inevitablemente ahora incluye a una nueva persona?

Para Manuel, la madre de Silvia —definida exclusivamente a través de la sexualidad, una sexualidad pasiva y que depende de los favores económicos de sus clientes— supone una feminidad aceptable, reconocible y que, sobre todo, no presenta amenaza ni pone en cuestión su masculinidad. El rechazo de Manuel hacia Conchita aumenta el desprecio que ésta siente por Silvia, hija de la mujer deseada por el padre y —aunque no queda claro si Conchita es también conocedora de esto— por el hijo. Los sentimientos negativos que tiene Conchita hacia Silvia y su madre están además matizados por

Madre (Stefania Sandrelli) e hijo (Jordi Mollá).

los sentimientos casi incestuosos que tiene por su hijo. Esto se ve claramente cuando —ya enterada del deseo de José Luis de casarse con Silvia— Conchita se sienta con él en la cama y comienza a quitarle la ropa, hablándole con intimidad de las sensaciones que tenía cuando estaba embarazada de él. La escena toma lugar de noche. Conchita está vestida sólo con su batín color burdeos, que recuerda los rojos del vestuario de Carmen y que es, en este sentido, otro símbolo de la pasión (lo que parece confirmar la creencia de Manuel de que todas las mujeres «tienen una puta dentro»). Se acerca al dormitorio de su hijo, y es allí donde empieza a quitarle la ropa. La puesta en escena, el decorado, el vestuario, la hora, los gestos de la madre, todo contribuye a una atmósfera sexualmente muy cargada. José Luis hace esfuerzos por escaparse de la colonización de sus deseos por su madre, tratando de interrumpir, pero sin éxito, las divagaciones de ésta con declaraciones propias de su amor por Silvia. Pero el chantaje emocional que la madre ejerce sobre su hijo imposibilita, hasta muy tarde, una rebelión.

En esta escena entre madre e hijo, Bigas Luna aborda el tema del control en las relaciones entre padres e hijos, y en este sentido puede leerse como una versión burguesa de *Furti-vos* (José Luis Borau, 1975). Como en *Furtivos*, se destacan dos niveles de significado: 1) la perversidad de la psicología femenina; 2) las resonancias histórico-culturales del tema. Como en *Furtivos* —película rodada más de quince años antes— no hay aquí ninguna alusión directa al incesto. En *Furtivos* sospechamos que ha habido, en esta casa tan remota y apartada de la civilización, relaciones de tipo sexual entre madre e hijo; en *Jamón jamón* la escena en la que Conchita le quita la ropa a su hijo, le acaricia el pecho y le habla de su embarazo sugiere mediante este proceso de infantilización un amor complicado por tendencias incestuosas. En cuanto al significado histórico-cultural, el tema del incesto en *Furtivos* apuntaba hacia la influencia nefasta del franquismo sobre el país, el asesinato de la madre por su hijo representando en cierto sentido el deseo del pueblo de acabar con el sistema político opresor. Diecisiete años más tarde, el intento del hijo de casarse con Silvia parece significar, en cierto modo, lo contrario: el deseo del hijo de detener el proceso de europeización, de modernización, simbolizado por su madre, y de acercarse, en cambio, a una chica joven, inexperta, virgen, supuestamente sumisa, y prácticamente lo opuesto a aquélla. Pero la actitud de José Luis al buscarse una novia de clase inferior no se manifiesta aquí, como es costumbre, en un amor extramarital transgresivo, sino precisamente en un deseo de casarse. Este matrimonio resulta un acto de rebeldía, pues demuestra un rechazo a los valores de su propia clase. En cuanto a la perversión sugerida por la relación entre Conchita y José Luis, se podría decir que subraya no solamente los celos que Conchita sigue teniendo por la traición sexual de su marido con la puta, sino la transferencia al hijo de sentimientos que habrían de ser más apropiadamente dirigidos hacia su marido.

En un estudio magistral sobre el incesto y otras perversiones, Estela Welldon (1992) no solamente recalca los aspectos vengativos de la actitud incestuosa de la madre hacia su hijo sino que también la describe como una forma —obviamente trastornada— de recuperar, mediante un proceso de desplazamiento, el pasado más inocente y optimista de los primeros años de las relaciones con su marido. En *Jamón jamón*, la reacción extrema y agresiva que tiene Conchita hacia Silvia revela la pena y desesperación que siente por el fracaso de la relación con su marido. Lo trágico de su situación se expresa nítidamente cuando le dice a su hijo: «Eres lo único que me importa en este mundo. Pero ¿qué te ocurre? ¿Es que ya no me quieres?». Su marido, que nunca le muestra señal alguna de cariño, parece haber perdido todo deseo por ella. No sabemos el porqué. ¿Incompatibilidad de caracteres? ¿El romance con Carmen? ¿El impacto del tiempo en las relaciones sexuales? La película no lo dice, pero lo cierto es que entre ellos hay una falta total de comunicación: el marido se consuela con su perra —aunque la vemos sentada sobre su regazo mientras ve un partido de fútbol americano en la televisión el cariño por este animal no llega a la zoofilia de los hermanos en *Caniche*— y la mujer concentra todo su amor y quizás sus deseos sexuales, al menos hasta que llega a conocer a Raúl, en su hijo. La perversión de Conchita en las relaciones con su hijo la define como una persona que sufre, una mujer cuyos gestos ambiguos hacia él pueden leerse como el resultado de su propio sentimiento de rechazo y victimización. Según psicoanalistas como Estela Welldon, la perversión —en este caso el incesto— es una reacción, no una condición inherente. La negación de poder en otras áreas importantes de su vida hace que Conchita ejerza este poder enfermizo sobre su hijo, la única persona en la familia —ya que Manuel es demasiado fuerte para ella— a quien puede controlar. Welldon subraya este aspecto fundamental de la manera siguiente:

> En mi opinión lo perverso está relacionado con la política del poder; un aspecto es psicobiológico, y el otro es social. Es posible que esta diferencia de actitud esté causada por la incapacidad de la sociedad de ver a una mujer como un ser humano completo. Las dificultades en reconocer que las madres pueden abusar de su poder quizá sea el resultado de un rechazo total, una forma de enfrentarse a una verdad desagradable. La mujer se ve en parte como objeto, mera recipiente de los deseos perversos del hombre. La supuesta idealización con que la sociedad esconde las actitudes perversas de la mujer («las mujeres no pueden hacer cosas parecidas») de hecho contiene un elemento de menosprecio. Hasta hace muy poco una falta de legislación sobre la perversión femenina ha reflejado el rechazo total de este fenómeno por parte de la sociedad. El análisis de la política del poder podría aclarar la comprensión de los papeles de la maternidad. Quizás si las mujeres tuvieran una tradición más larga de pertene-

cer a las estructuras del poder sus actitudes hacia los hombres y
los niños no estarían gobernadas, como lo están en estos momentos, por una debilidad que luchan por transformar en actitudes posesivas y de control (1992, 58-59).

Todas estas tendencias se mezclan en el rechazo que Conchita
siente hacia Silvia como posible esposa de su hijo. El rencor de
Conchita, sus celos y prejuicios de clase ayudan de manera
perversa a formar la psicología de la antagonista de la película,
creando el conflicto principal de la narrativa.

José Luis/Jordi Mollà

Aporta Jordi Mollà a su papel en *Jamón jamón* su apariencia
de joven vulnerable, pero cuyo aspecto cerebral (Perriam,
2003, 123) y ojos intensos, sin embargo, trasmiten la sensación
de una adolescente rebeldía reprimida, comparable, por ejemplo, a la de otros de sus papeles en *Alegre ma non troppo, Historias del Kronen* (Montxo Armendáriz, 1995), *La Celestina,* e
incluso su última película con Bigas Luna, *Son de mar.* En el
papel de José Luis, Jordi Mollà, cuya carrera fílmica fue lanza-
da en esta película, explota su aspecto de «niño bueno a punto
de cometer alguna travesura; capaz, si lo exige el guión, de pasar de ser de lo más angelical a lo más maquiavélico, de tierno
a violento» (Escarré, 2001, s/n).

Aquí siempre se le ve como un niño o adolescente, aun en
la escena en la que intenta participar en el negocio familiar y, con
un amigo, presenta ante su padre un diseño original de bragas
para perras menstruantes, como forma de renovar y expandir el
negocio de fabricación de ropa interior, cuyo producto estrella
son los «Calzoncillos Sansón». En esta escena aparece por primera y única vez vestido con traje y corbata, y fumando. Como
argumenta Pepa Roma en su libro sobre la masculinidad en los
noventa en España, «dime en qué trabajas y te diré quién eres»
(1998, 53). Citando a Gil Calvo, Pepa Roma comenta que aun en
los noventa «casi todas las llamadas crisis de los cuarenta o los
cincuenta en el hombre suelen coincidir con crisis profesionales
más que con las fechas de calendario» (1998, 53). José Luis todavía no ha cumplido, ni mucho menos, los 40. Es un niño en
busca de una identidad, pero resulta interesante que la busque
en el terreno profesional. Como también opina Teresa Viejo:

El hombre está especialmente diseñado, configurado y
amaestrado para proyectarse en el trabajo. Su vida y su mundo
tienen sentido en los límites de su profesión. De su empleo hace
un planeta alrededor del cual gira lo demás y de su oficina, el verdadero hogar. El varón se siente atraído por su profesión como los
electrones lo son por el núcleo del átomo. El trabajo es su gran
amor (2001, 171).

El problema es que José Luis no puede dejar de ser niño. Su
deseo de seguir trabajando en la fábrica familiar subraya no
solamente el poder de la dinastía sino su naturaleza depen-
diente, una dependencia simbolizada aún más por su adicción
a los cigarrillos, que le conecta, por la oralidad, con su madre.
Esta dependencia se refleja también en variedad de gestos y
detalles visuales, por ejemplo en su vestuario.

Como observa Sarah Street, el vestuario de un personaje
opera como un sistema controlado por influencias complejas
entre las que se encuentran el realismo, la actuación, el género, el estatus social, y el poder (2001, 2). El vestuario, además,
es una expresión visual de la identidad de una persona, reflejo
de su deseo de esconderse o de proyectarse hacia el exterior,
usado como armadura o como mecanismo de exposición. Más
recientemente, además, incluso en los escritos de teóricas feministas, la moda es analizada como una forma de liberación.
En su estudio sobre el uso del vestuario en el melodrama, Janet Gaines y C. Herzog (comps.) (1990) consideran que es allí
donde las ropas pueden desempeñar un papel más expresivo.
En cualquier película, según Sarah Street (2001), hay por lo
menos tres niveles de significación en torno al uso del vestuario: 1) el realismo histórico (¿llevan, por ejemplo, los personajes
de *Jamón jamón* ropas de la época?); 2) clase (¿se visten de
acuerdo con su posición social?) 3) género (¿afirman o contra-
dicen sus ropas la división de los sexos?). En *Jamón jamón* el
vestuario es claramente realista, y refleja también la clase social de los personajes. Silvia, su madre y Raúl llevan ropa bara-
ta, aunque, en el caso de las mujeres, de colores llamativos e
incluso simbólicos; la procedencia humilde de Silvia se refleja,
además, en el estropeado esmalte de las uñas, indicativo de su
necesidad de trabajar para ganar dinero. La ropa de Conchita,
y sobre todo su collar de perlas (casi convertido en un fetiche),
recalca, en consonancia con la teoría del «consumo conspi-
cuo» de Thorstein Veblen (1899), no solamente la afición de la

burguesía por jactarse de sus bienes, sino la proyección de su propia identidad como mujer poderosa, sexual e independiente. El vestuario de José Luis, pues, tiene que verse también dentro de este marco.

En el despacho, la corbata representa su deseo de parecer adulto y de identificarse con su padre; antes le vemos, a través de su ropa, más identificado con su madre. Normalmente viste con camiseta y vaqueros, y cuando se pone una americana, no suele llevar corbata. La identificación con la madre se nota en la escena de la fiesta de la hermandad de la empresa de calzoncillos. Un plano muestra a los tres miembros de la familia: la madre está en el centro y lleva un traje de rayas blancas y negras horizontales, colores que se extienden a la ropa de su marido e hijo. Manuel, a su lado, lleva un traje blanco, lo que le relaciona no solamente con el lado luminoso de su mujer sino, quizás más significativamente, con la madre de Silvia, que en la fiesta también va vestida de blanco. José Luis viste una americana negra, color que le identifica con el lado oscuro de su madre. Además, la camisa que lleva tiene, como el vestido de su madre, rayas, aunque más finas y verticales. Por otro lado, al final de la película, tanto Carmen como Conchita llevan pantalones, mientras que anteriormente habían llevado exclusivamente faldas, como marcando que son ellas las que finalmente tienen poder sobre los hombres/niños a los que consuelan después del duelo a garrotazos/jamonazos.

Si el uso del vestuario es significativo también lo es la desnudez. Por ejemplo, se ven a menudo los pechos de Silvia y, con menos frecuencia, los de Carmen, pero nunca los de Conchita. Carmen y Silvia son las mujeres que nutren a sus hombres, mientras que Conchita es una devoradora, cuyos instintos sexuales son más egoístas y depredadores. Por otro lado, mientras que se ve y se elogia en varias escenas el cuerpo desnudo de Raúl (por ejemplo en la pasarela de los calzoncillos, o en la corrida nocturna, e inmediatamente después en casa de Silvia), el de José Luis está casi permanentemente cubierto, el pecho sólo medio expuesto en las escenas con su madre, Conchita, y con su madre suplente, Carmen. Sin embargo, las tendencias violentas que esconde bajo la máscara de adolescente ensimismado irrumpen al final, en la reyerta con Raúl, después de un momento final patético en que, como un niño, llora y suplica a Silvia que vuelva a quererle. La furia con la que ataca a Raúl en el duelo de los jamones capta no solamente los celos que siente por su rival sino la rabia reprimida a lo largo de su vida hacia su madre, por el proceso de infantilización al que le ha sometido. Cuando en una escena temprana en la fábrica de calzoncillos el padre de José Luis pide a éste que le siga, el devoto hijo no abandona el despacho sin antes despedirse de su madre, dándole un beso y diciéndole «Adiós mamá». El gesto, aunque intrascendente en sí mismo, indica la intimidad de la relación con su madre, algo que molesta al padre, que añade irritado «¡Venga!», dándole además al hijo una especie de cachete en el culo con su maletín.

73

A través del personaje de José Luis la película contrasta la supuesta modernización y europeización del hombre español con su tradicional masculinidad, encarnada aquí en Raúl. Pero es éste un antagonismo no desprovisto de complicaciones. El tema de la reeuropeización de España lo han tratado varios directores del cine español. La *Carmen* (1983) de Carlos Saura, por ejemplo, rodada poco después de la restitución de la democracia en España, destaca el deseo de reintegración de España en las tradiciones europeas. El espíritu de los intelectuales de la generación del 98 renace después de años de aislamiento y recelo hacia lo extranjero. En *Carmen* Saura reivindica, desde luego, la auténtica tradición flamenca, recuperándola de los procesos de trivialización a los que había sido sometida durante la dictadura, pero las voces de Bizet y Mérimée forman parte de una cohesión tanto ideológica como estética, celebrando la herencia europea además de la gitana/árabe del país. La incorporación de España en la Unión Europea (1986) iba a traer, sin duda, ventajas económicas muy importantes, y aunque *Carmen* no alude directamente a éstas, sí transpira de forma indirecta un cierto optimismo hacia tal proceso.

Por su parte *Jamón jamón* es, en éste como en otros aspectos, y según mantiene el propio Bigas Luna (Vall, 1992, 38), un retrato irónico del proceso de europeización del país. No identificada ya con «el mentido robador de Europa» de *Las soledades* de Góngora, España se ha tornado en el toro europeizado, es decir, contagiado por elementos externos, éstos mismos sometidos a un proceso de mestizaje trasatlántico (la lata de Coca Cola al lado del Golf GTI y el Mercedes). Pero la película ironiza no solamente sobre la nueva utopía socioeconómica de Europa sino también sobre las tradiciones —sobre todo el «macho ibérico» de la España del franquismo— de las que se está tratando de distanciar la nueva democracia. A través del papel de José Luis, Bigas Luna dramatiza al hombre que encuentra difícil sublimar sus instintos tradicionales, pero cuya modernidad como niño bien no le proporciona tampoco ningún tipo de redención psicológica o moral, como se refleja en un gesto significativo: aquel en que José Luis mea sobre la lata de Coca Cola.

José Luis es el hombre castrado: cuando golpea y arranca los testículos del toro Osborne reconoce su propia castración, llevada a cabo por una Europa personalizada en su madre Conchita. José Luis quiere encontrar su propia identidad pero está tan oprimido por su madre y el ambiente familiar que, en cuanto a sus relaciones de pareja, se encuentra totalmente inmovilizado, y en lo profesional, abocado a pergeñar inventos insensatos en un intento fallido de reafirmar su identidad. En la primera escena con Silvia le vemos comportarse como un niño. Por un lado hace esfuerzos por controlarla, insistiendo a pesar de su rechazo en acariciar y chupar sus pechos; por otro lado no toma en serio su relación con ella, ya que le ofrece no un anillo de verdad sino una argolla de una lata de cerveza o de zumo encontrada en el suelo.

Silvia se queja de su situación, indirectamente pidiendo a José Luis que la saque de una vida triste y ambigua, liberándola de su condición de novia perpetua y haciéndola su esposa. «Estoy harta de hacer tortillas», dice, pero José Luis sigue comiendo la tortilla hecha por ella y escucha sin interrupción la música rock a la que, curiosamente —recurriendo inconscientemente al juego de palabras entre «puta» y «madre» que domina la película— califica «de puta madre». El gusto de José Luis por la música rock también contribuye al patrón de contradicciones, pues le identifica con lo extranjero cuando por otra parte desea, en Silvia, a una chica tradicional y española. Silvia sale del coche y se desmaya. Al caerse, la música para y, perturbado, José Luis se acerca a ella, gritando «¡Silvia!... ¡Silvia!». Ésta explica, al volver en sí, que no le viene la regla desde hace dos semanas, y justo después de pronunciar las palabras «¿Estás embarazada?» oímos, más fuerte, el sonido del viento, que nos recuerda la fuerza del deseo sexual, instinto que motiva a todos los personajes principales de la película y que, en la mayoría de los casos, lleva a la tergiversación de

Silvia (Penélope Cruz) en busca del amor.

todos sus planes racionales y tabúes culturales. El viento desempeña un papel a lo largo de la película casi como de coro griego, nunca más significativo que en la escena, casi al final, en que José Luis se entera de que su madre ha sido la amante de su rival. Mientras sale de la cama de Raúl, se oye soplar el viento con fuerza dramática.

El descubrimiento del embarazo de Silvia produce un instante de ternura: por un momento la película permite que el amor entre los dos jóvenes —el Romeo y la Julieta, cuya relación va a ser frustrada sobre todo por prejuicios de clase y celos maternos— disfrute de un momento lírico en este *locus amoenus* (por otra parte escasamente idílico, bajo los testículos del toro de Osborne), en la soledad campestre de Los Monegros. Es un momento de intimidad: el tono de voz de José Luis es muy suave, abraza a Silvia, le da un beso, y sospechamos que si se les dejara en paz quizá serían capaces de disfrutar del amor y de una vida feliz juntos —al menos por algún tiempo, si no para siempre.

Cuando Silvia recobra el conocimiento, José Luis le pregunta: «¿Me dejas que te coma la teta?» introduciendo así otro momento significativo en el que la presencia de lo maternal se hace sentir en la relación de los jóvenes. El dominio que la madre tiene sobre José Luis se subraya cuando este momento de intimidad con Silvia se ve interrumpido por su llamada telefónica. La yuxtaposición de los esfuerzos de José Luis por responder a la llamada de su madre y a la vez continuar chupando las pechos de Silvia demuestra inequívocamente el control de la madre sobre el hijo, hasta el punto de que la atracción de José Luis por los pechos de su novia se lee como el deseo inconsciente del hijo, a través del cuerpo de la novia, por el de la madre.

Es éste un tema que ha seguido fascinando a Bigas

Luna a lo largo de su carrera fílmica. *La teta y la luna*, historia de un niño obsesionado por las tetas, que coge rabietas cada vez que su madre le da el pecho a su hermanito recién nacido y que busca obsesivamente el pecho de otra mujer, es quizás la obra donde más explícitamente se manifiesta esta fijación. Pero, como en otras películas que subrayan la relación compleja entre madre e hijo (especialmente en *Bilbao* y *Angustia*), José Luis se ve en *Jamón jamón*, a pesar de sus muchas declaraciones contradictorias, controlado por la fuerza inquebrantable de su madre. Después de la escena en el África Burger, Silvia se queja de la actitud de José Luis: «Estoy embarazada, y tú como si nada». José Luis contesta: «El problema es mi madre. Pero me voy a independizar [...] No quiero verte preocupada».

Conscientemente, José Luis busca en Silvia una mujer que no le recuerde nada a su madre: una mujer de otra clase y, sobre todo, joven, virginal. Pero tanto su atracción hacia los pechos de Silvia como su relación sexual con la madre de ésta, la «puta madre» Carmen, indican que todavía no ha dejado de ser niño. Ante sus amigos declara: «Mi madre me da igual. Estoy harto de que todo el mundo crea que dependo de mis padres. Me caso y punto». Pero la fuerza de los vínculos con su madre («mamá no empieces... me tratas como un niño») se ve, entre otras muchas ocasiones, cuando visita a Carmen y le pide que le enseñe las tetas, ahora fuente de consuelo que, según Carmen le apunta, ya no le corresponde: «Las miras pero no las toques. Ya no son tuyas». El esfuerzo por distanciarse de su madre y hacerse hombre no tiene éxito, y el signo más elocuente de su confusión mental es su invento de las bragas para perras menstruantes, rechazadas como muestra de infantilismo por su padre: «Esto no es un juego; es un negocio».

Raúl/Javier Bardem

«*Macho ibérico*»

En muchos sentidos Raúl es la antítesis de José Luis. Pero hay otros aspectos que vinculan a los dos, y a eso llegaremos más tarde. La fisonomía, voz, gestos e historia previa del actor que interpreta a Raúl le confieren un carácter totalmente distinto. Hijo de una familia de «cómicos» (su madre es Pilar Bardem, su tío Juan Antonio Bardem, sus abuelos también actores), empezó de niño a trabajar como actor, interpretando luego varios papeles en programas de televisión. Destacó en el cine por su papel de bisexual en *Las edades de Lulú*. Sus primeras películas le condenaron a desempeñar el papel de «macho ibérico», personaje, como comenta Chris Perriam (2003, 93), de «mucho morbo». Tiene el físico de un jugador de rugby, deporte que le gustaba de joven (Intxausti, 2001, 9). Su perfil es de boxeador; sobre todo, la nariz, con su puente alto y desfigurado. El cuerpo tiene una animalidad muy apropiada para el papel de Raúl, cuya ilusión es no solamente ser novio de Silvia sino torero, carrera que le identifica, como bruto noble, con la bestia que le aguardaría en la plaza. El físico de minotauro picassiano de Bardem es el de un hombre poderoso, duro, de una sexualidad potente, el equivalente al Robert de Niro de *Toro salvaje* (Martin Scorsese, 1980), otro toro de la pantalla. Pero hay fisuras en esta representación del estereotipo español de fin de siglo. Siempre ha habido, al lado de la animalidad, de lo taurino, puntos de vulnerabilidad en Javier Bardem. El Marlon Brando de Los Monegros, como le ha definido Bigas Luna (Bigas Luna y Canals, 1994, 31), no tiene la belleza fina, más clásica, de Antonio Banderas —a pesar de haber sido calificado en Roma como «el nuevo Banderas» (Lola Galán, 2000)— pero, como éste, posee una cierta fragilidad y, sobre todo, un sentido del humor que suaviza el físico muscular y taurino, algo que debió de considerar Gómez Pereira a la hora de darle un papel en la comedia *Boca a boca* (1995).

A pesar de la etiqueta de «macho ibérico» que le han colgado muchos críticos, Bardem siempre remite a las complejidades de sus personajes en la pantalla, intentando evitar el encasillamiento (un punto éste que también Fouz-Hernández [1999] destaca). En entrevista con Iñaki Sarriugarte, Javier Bardem mantiene: «A mí lo que me interesa es hacer personajes buenos, que sean entrañables. Los personajes de *Jamón jamón* y *Huevos de oro*, dentro de todo el machismo y la violencia, tenían al final su redención y se les entendía. Odio los papeles uniformes como los americanos en los que los malos son muy malos y viceversa [...]» (1995, 51). El héroe del papel desempeñado por Bardem en *Perdita Durango* (Álex de la Iglesia, 1997) confiesa en un determinado momento de la película que él es como el Burt Lancaster de *Vera Cruz* (Robert Aldrich, 1954), pero mezclado con un poco de Gary Cooper. Y, efectivamente, la personalidad y físico cinematográficos de Bardem podrían clasificarse como una mezcla de estos dos monstruos del cine de Hollywood. Estas complejidades, e incluso a veces, una cierta dulzura, son evidentes aun cuando desempeña papeles más serios, como el de *Los lunes al sol* (Fernando León de Aranoa, 2002), donde a pesar de su actitud siempre rebelde y arrogante —sobre todo en su trato con los patrones y los oficiales de la ley— es él quien se preocupa de uno de los compañeros más necesitados durante la huelga de los astilleros en una ciudad del norte de España.

En *Jamón jamón,* la ternura y el humor son características muy destacadas del papel de Raúl. Por un lado, Raúl encarna, ciertamente, el estereotipo del «macho ibérico», pero por otro, el perfil psicológico del personaje se ve complementado por aportaciones propias del actor, sobre todo por una feminidad que, según él, debe a su madre. A la pregunta de la entrevistadora «¿Qué le debe Javier a Pilar Bardem?», él contesta:

> Aparte de la vida, una educación femenina. Mis padres se separaron cuando nací, y aunque siempre he mantenido el contacto con los dos [...] ha sido mi madre la que me ha educado. Y me ha hecho no vetar la parte femenina, sensible, que tengo dentro, y que es lo más preciado que poseo, sobre todo como actor (en Sánchez-Mellado, 1996, 67).

El hijo se parece mucho a la madre; la cara de ésta se ve como sobreimpuesta en la de él. Además, los valores inculcados por su madre posiblemente hayan facilitado su trabajo en películas como *Antes que anochezca* (Julian Schnabel, 2000), donde sus tendencias menos machistas, más creativas y sensibles, encuentran expresión en el papel del poeta Reinaldo Arenas, perseguido por las autoridades cubanas por su homosexualidad.

Robert Stone alude a estos matices cuando señala: «Como Banderas en *¡Átame!*, Bardem en *Jamón jamón* encarna el culto del machismo pero socava su autoridad con el narcisismo homo-erótico de su personaje» (2002, 196). A menudo es un perdedor: en *Días contados* (Imanol Uribe, 1994) es un drogadicto marginado; en *Huevos de oro* se le ve desmoronarse hasta quedar convertido en un patético hombre de negocios cornudo (el famoso cartel de la película en el que se le ve agarrándose su «paquete» proporciona un comentario tremendamente irónico sobre su masculinidad). Bardem mismo lo reconoce:

> [...] yo he hecho personajes muy de macho ibérico, *Jamón jamón* y *Huevos de oro*, pero siempre he intentado darles un poco de humanidad. La crítica ha alabado que humanizara los personajes, aunque la gente sigue empeñada en que siempre hago lo mismo. El personaje de *Huevos de oro*, Benito González, es muy machista, prepotente con las mujeres, egoísta, pero creo que no le falta humanidad, es un gran perdedor. Además, al final de la película quita la idea de macho ibérico, idea que me parece ridícula... (Martín, 1993,7).

En *Jamón jamón* una de las primeras apariciones de Raúl le presenta como un «macho ibérico», pero aun aquí la imagen se ve complicada con elementos contradictorios. Su papel es una versión un poco menos salvaje del Furio de Jorge Perrugoría, llamado «bestia» (no «cerdo», como Silvia llama a Raúl aquí), por Bámbola, en la película del mismo nombre. Furio es otro personaje taurino, una fuerza casi incontrolable de la naturaleza. En *Bámbola* Bigas Luna explora el masoquismo a través de la protagonista que, a pesar de la brutalidad de Furio, confiesa: «Siempre me gustan los hombres fuertes».

Por un lado, el torero es la proyección de la virilidad: no sólo por su valentía, sino también por su identificación con el toro, que aquí se convierte en símbolo supremo de la potencia viril. Con sus compañeros, Raúl torea ilegalmente de noche, saltando la cerca donde están guardados los novillos. Son abundantes las descripciones de este tipo de toreo nocturno en la realidad (Chaves Nogales, 1969, Collins y Lapierre 1970). Uno de los más famosos matadores, Juan Belmonte, cuenta una historia muy parecida a la de Raúl en *Jamón jamón*, según la cual, cuando de joven toreaba desnudo, con amigos, de noche, en una ocasión fueron descubiertos no por un mayoral sino por un Guardia Civil (Chaves Nogales, 1969, 46-57). La escena con los novillos en *Jamón jamón* tiene lugar bajo el imperio de una diosa, la luna, en un terreno lunar, Monegrillo, «el pueblo que está más cerca de la Luna» (Bigas Luna y Canals, 1994, 18). La desnudez de Raúl le identifica aún más intensamente con la naturaleza, con lo no civilizado, lo animal, algo que va radicalmente en contra de todo el ritual y significación del toreo. El torero debería estar vestido con traje de luces, para reflejar los rayos del sol, símbolo apolíneo de la masculinidad. Debería torear en la ciudad, no en el campo. Como ha señalado Garry Marvin en *Bullfight*, «la corrida es un acto que condensa y dramatiza las importantes oposiciones estructurales de la naturaleza y de la cultura que subyacen a la idea de lo que significa ser civilizado o verdaderamente humano» (1994, 128). El análisis antropológico de Marvin se centra en la corrida en Andalucía, pero sus conclusiones también se pueden extrapolar, en gran parte, al resto de España. Para él, la corrida es un acto que además de expresar la esencia de lo humano frente a lo animal, dramatiza específicamente lo que significa ser hombre en civilización. El drama de la corrida se basa sobre todo en la cuestión de control. Ser un hombre completamente civilizado supone demostrar control sobre uno mismo, sobre el entorno, sobre la naturaleza. El control es signo de cultura; la falta de control conduce al dominio de la naturaleza. Marvin añade que la corrida es un evento cultural que dramatiza un momento simbólico en el que se pone en peligro la definición de lo humano, sobre todo de la masculinidad, precisamente para que pueda reafirmarse en las circunstancias más difíciles (1994, 141). La plaza de toros se convierte así en un anfiteatro donde se dramatiza una prueba de hombría, donde el hombre impone su control sobre el animal, y sobre el miedo propio, arriesgándose ante las embestidas del toro.

La subversión de los ritos y significaciones tradicionales de la corrida en esta escena nocturna de *Jamón jamón*, sobre todo la pérdida de esta oposición esencial entre el hombre y lo natural, apunta a lo contradictorio de la subjetividad de Raúl como hombre: tradicionalista y moderno, ibérico y europeo, respetuoso y rebelde; y en última instancia, femenino además de masculino, algo que también han destacado muchos analistas respecto a la figura del torero. Aquí, como en toda corrida,

Raúl, el torero, expresa su subjetividad mediante su arte. Según Michel Leiris, el arte del torero se puede comparar con el de la escritura de memorias, ya que en ambos casos el sujeto se somete a un riesgo, en el caso del torero literal, en el del emergente escritor de memorias el de la agresividad que ejerce hacia sí mismo en la revelación de su auténtico ser. El lirismo del torero, expresado en sus gestos esculpidos, en sus pasos de bailarín, o en el uso de la capa en sus verónicas, refleja el apogeo del arte, el punto final de años de ensayos y preparación. Pero este despliegue de sí mismo en el anfiteatro de la plaza es, además de una puesta en escena de aspectos viriles y femeninos (coraje y belleza, acción y exhibición), un tipo de drama teatral, y como tal —como todo acto creativo, según ciertos psicoanalistas— un juego infantil que intenta reparar el «daño» (la exigencia desmedida) que el niño causó a la madre y del que aun en la madurez se sigue sintiendo culpable (Klein y Riviere 1964). Desde esta perspectiva, el deseo de Raúl de ser torero tiene significado en el sentido de que, como expresión artística, parece estar en concordancia con las teorías de Melanie Klein y Hanna Segal: «La pena y el sentido de la culpabilidad inherentes en la percepción del daño hecho por el sujeto/artista hacia el objeto bueno» (Bell, 1999, 12). Bell, que comenta estas teorías en su libro sobre el psicoanálisis y la cultura, añade: «Nosotros, los espectadores, nos identificamos

Los fracasados toreros nocturnos.

con el enfrentamiento del autor con la pena de su destrozado mundo interno y recibimos consuelo de su capacidad, mediante un trabajo intensamente psíquico, de triunfar sobre ella y de describirla en su obra de arte» (1999, 12).

La antítesis de todos los instintos de macho tan subrayados en varias secuencias de la película se expresa de forma tremendamente conmovedora al final, cuando, muerto José Luis en el duelo a garrotazos, Raúl se acerca no a su novia sino a la madre de su rival, Conchita. El niño triunfa sobre el hombre en la subjetividad de Raúl, y nos hace ver casi en *flashback* todos los indicios de su inmadurez que se ocultaban tras una máscara de hombría.

Regresión y hombría

En su propio ambiente, el almacén de jamones, un espacio de regresión a lo inmaduro y primitivo, le habíamos visto sentado, comiendo ajos, tomando una cerveza, eructando. La cámara se mueve despacio, enseñándonos primero los jamones colgados —estos jamones que tanto impresionaron al amigo inglés de Bigas Luna y que en cierto modo inspiraron la película (Pisano, 2001, 181)— subrayando la importancia de la marca «Los Conquistadores». El que reparte los jamones, Raúl, es un conquistador, heredero del ímpetu que llevó al dominio de aquellos territorios distantes de América y sus indígenas, y que ahora él ejerce con las mujeres de su propia tierra. Hay un corte después de esta imagen de macho conquistador, y la sintaxis de la secuencia nos conduce a la llegada de una mujer —la madre de José Luis— que intenta sobornarle para que destruya la relación entre Silvia y su hijo. La música rock, expresando diegéticamente la animalidad de Raúl, continúa mientras él se queda sentado y ella se acerca. Se levanta, se ajusta el «paquete», y en la tercera parte de la secuencia —ya es de noche, y los dos están sentados en el Mercedes de Conchita— acepta la propuesta que ella le hace.

La chulería y animalidad de Raúl se subrayan en la escena que sigue. Para llegar a conocer a Silvia se comporta como un adolescente, metiendo un ajo en el culo de uno de los cerdos que ella y su familia crían, con objeto de que el animal chille, escape de su pocilga y despierte a Silvia. El cerdo, enloquecido, cruza la carretera, y casi es aplastado por uno de la interminable serie de camiones que por ella circulan. Raúl sale a su rescate, y Silvia, asustada y conmovida, se lo agradece efusivamente. En esta secuencia Bigas Luna identifica a Raúl con lo primitivo y la regresión. En un primer plano la cámara enfoca la boca de Raúl que, retorciéndose, se asemeja al morro de un cerdo. Esta imagen se repite, también en primer plano, cuando Raúl aprieta sus labios contra el cristal de la ventana de la casa de Silvia, después de la escena en la que ella le lava los pies con aceite. Raúl es el hombre-cerdo (jamón), y la conexión entre hombre y animal se reitera cuando, justo antes de abandonar a Silvia después de una conversación breve a la puerta de su casa, tras el rescate del cerdo, Raúl se despide con un «olé» y un gesto de matador. Aquí, Raúl se convierte de hombre-cerdo en hombre-toro, y de hombe-toro en torero.

En otras muchas ocasiones se evidencia esta conexión entre hombre y bruto —o, según el cuento de hadas, bestia. Los diálogos de Raúl con Silvia siempre están cargados de referencias sexuales como, por ejemplo cuando, al día siguiente, aquél la sigue en el coche de los jamones Conquistadores y le ofrece un poco de jamón, añadiendo que «el jamón siempre da ganas», frase que más tarde dirigirá a Conchita cuando ésta le visite en su almacén. Aquí, Raúl le dice a la joven que le gustaría hacer el amor con ella, y ésta contesta apropiadamente: «¡Eres un cerdo!». En la escena de la discoteca, después de profanar el santuario —los aseos— de las mujeres, Raúl la toca, agarra su falda, le da un beso, todo sin pedir permiso. Más tarde, después de escaparse del mayoral, Raúl adopta una actitud de dominio convencionalmente masculino al insistir en que Silvia —que les ha dejado a él y a su amigo entrar en su casa— le cure y limpie los pies heridos en la huida. Como en el *Nuevo Testamento*, una mujer —la equivalente de María Magdalena—lava con aceite los pies de un patriarca. Cuando más adelante se ve a Raúl montado en la motocicleta que Conchita le ha regalado como pago por apartar a Silvia de José Luis, la unión hombre/moto recuerda la unión entre hombre y caballo en *Bodas de sangre*, convirtiendo a Raúl en una especie de centauro moderno, e identificando la dureza, velocidad y dinamismo de la máquina con la masculinidad de su jinete. Significativamente, cuando vemos a Raúl por primera vez en la moto, la secuencia le presenta primero en un plano largo, viajando a toda velocidad en el campo, para pasar después a un plano americano de su figura, parado delante de Silvia y debajo de un cartel enorme en el que se ve un «paquete» masculino —su paquete— enfundado en unos calzoncillos de la fábrica de los padres de José Luis, con el lema «en tu interior hay un Sansón» (equivalente masculino del comentario que hace Manuel a su mujer cuando le dice que «todas las mujeres tenéis una puta dentro»).

Dos aspectos interesantes destacan en esta imagen: primero, nos recuerda que en la escena anterior, cuando Raúl y Conchita hacen el amor en la habitación del bar de carretera, ésta se ríe de sus calzoncillos y promete regalarle otros de su última colección. Esto implica que los calzoncillos, y lo que éstos envuelven —«éste soy yo», le dice Raúl a Silvia apuntando al cartel anunciador— son, en cierto modo, propiedad de Conchita; segundo, el nombre de la marca, «Sansón», remite al héroe bíblico —magistralmente interpretado en *Sansón y Dalila* por Victor Mature (Cecil B. De Mille, 1947)— y nos recuerda por un lado la pervivencia de un modelo de masculinidad mítica y arcaica, pero quizá también por otro el hecho de que aquel héroe fue traicionado y metafóricamente castrado por una mujer. La ironía de la situación se le escapa a Raúl totalmente. Él acabará como Sansón, emasculado por una mujer, la madre-puta, la madre de José Luis. La motocicleta, regalo maldito de esta madre, conduce a desventuras: luciéndose delante de Silvia, Raúl pierde el control y mata al cochinillo Pablito. La masculinidad de Raúl, la que tiene que caracterizarse por el control y el autodominio, como la del torero en la plaza, ha empezado a desintegrarse por culpa de una mujer.

El poder castrador de la mujer se expresa con ironía en otras escenas en las que Raúl exhibe su machismo. Hacia el final de la película, cuando sospecha que Silvia se ha reunido con José Luis, se desahoga jugando a la máquina tragaperras en un bar. Silvia, que ha discutido con José Luis, se acerca a él, pero Raúl sigue jugando, sin mirarla, mientras ella, por detrás, pone los brazos alrededor de su pecho. Este autocontrol, esta exhibición de orgullo y chulería, seguida de una incontrolable urgencia por poseer a Silvia —lo cual comienza a hacer delante de los clientes del bar que, perplejos, abandonan el local— tiene un complemento musical muy irónico: la máquina tragaperras anuncia sus ganancias con la famosa música de la película de Carol Reed, *El tercer hombre* (The Third Man, 1949). La alusión es irónica porque el personaje principal de aquella narrativa, Harry Lime (Orson Welles), también fue, como Raúl, un perdedor. Como señala Nancy Berthier respecto a *Jamón jamón*, «el humor de la película nace de la distancia del ideal del macho encarnado en Raúl y lo prosaico de las situaciones en las que se desarrollan sus acciones» (2001, 72). La prueba final de la hombría de Raúl tiene lugar en la escena del duelo a garrotazos con José Luis. En este duelo, mientras José Luis lleva camisa y pantalones, Raúl —recién levantado de la cama donde ha estado haciendo el amor con Conchita— tiene el torso desnudo, algo que subraya su animalidad, su condición de hombre/toro/cerdo.

Todos estos elementos enfáticamente machistas e inmaduros se ven, sin embargo, matizados por otros que humanizan al personaje de Raúl, y le dan cierto relieve, además de proporcionar un comentario irónico sobre el culto al machismo en las sociedades mediterráneas. Aparte de la vulgaridad de sus comentarios —calificados de «guarros» en más de una ocasión por Silvia, y que llegan a ser, por su reiteración, como una cantinela graciosa que dota de humor al personaje— la película pone en evidencia sus fallos (por ejemplo cuando es incapaz de excitarse adecuadamente al hacer el amor por primera vez con Conchita), y destaca también su cariño por Silvia, la única mujer por la que siente amor además de deseo sexual. Otros ejemplos de sus debilidades incluyen su cobardía al verse incapaz de confesar a Silvia el trato al que llegó con Conchita para separar a José Luis de ella y, sobre todo, la imposibilidad de liberarse de Conchita, lo cual confirma no sólo su corrupción por valores materialistas sino los lazos infantiles que le unirán siempre a la amante/madre.

Significativamente, Raúl es el único del trío de jóvenes principales que no tiene padres. No sabemos nada de su pasado, ni de su familia. En cierto modo, es huérfano. Por un lado, es el macho que tiene un exceso de confianza en sí mismo, el hombre-animal que busca a una chica joven a quien dominar y cuidar. Silvia es esta chica. Pero, por otro lado, no solamente representa, como comenta Perriam (2003, 98), el castigo de su propia masculinidad, sino que también es el niño perdido que fácilmente se deja seducir por la madre-puta, Conchita, a quien no puede abandonar. En los momentos finales de la pelí-

cula, cuando Conchita le riñe por haber continuado su romance con Silvia, Raúl empieza a explicar vehementemente su
amor por ésta, pero termina haciéndole el amor a Conchita.
Además, después del duelo a garrotazos, en el *tableau* final, le
vemos en brazos no de Silvia sino de Conchita, la madonna-
puta que ha reemplazado en su vida a la Magdalena-Silvia de
aquella escena anterior.

Padres e hijos

Las relaciones entre padres e hijos se ilustran de forma especialmente explícita en la interacción entre José Luis y Manuel. Pero
en este sentido es también significativa la actitud de Raúl quien,
en cierto modo, va en busca de un padre además de una madre.
Se podría decir que el fracaso de sus pretensiones de ser torero
—símbolo de la masculinidad, de lo patriarcal— es la dramatización del fallo en la búsqueda de su propio y ausente padre.

Pero la distancia en las relaciones entre hijo y padre es
aún más penosa en el caso de José Luis y Manuel. La escena
que quizás dramatiza más claramente este vacío que existe
entre ambos es aquella en la que los dos están sentados frente
a frente en el comedor de su casa, incapaces de comunicarse
entre sí. Al principio la cámara está inmóvil; vemos a José Luis
y a Manuel separados por la mesa y un plato de comida calien-
te, José Luis al lado izquierdo del cuadro, Manuel al lado derecho. El diálogo verbaliza esta distancia:

> —Silvia está embarazada.
> —¿Qué piensas hacer?... ¿Te casarás con ella o volverás una
> vez más a hacer lo que te digan tus padres? ¿Cuándo serás ca-
> paz de hacer algo por ti mismo? Ni siquiera has sido capaz de
> dejar de fumar.
> —¿Por qué me machacas constantemente?... No sé cómo
> decírselo. [...]
> —Silvia es una maravilla.

Carente de padre, Raúl lo busca mediante sus esfuerzos por
ser torero. José Luis, que sí tiene padre, está infantilizado por
su madre hasta tal punto que hasta aquél le desprecia y le trata
como si no fuera su propio hijo. Manuel ve los partidos de de-
portes solo, evitando una de las típicas ocasiones en que padres e hijos comparten intereses y emociones. El asalto verbal

de Manuel no tiene relieve en sus gestos físicos: la cara seca y fría de Juan Diego, en el papel de Manuel, manifiesta todo el desprecio que siente por José Luis, no con movimientos violentos o exagerados, sino mediante una falta total de expresión que demuestra el punto al que ha llegado su alejamiento. En este vacío de cariño y falta de comunicación se puede leer la decepción de un padre que no tiene el hijo que hubiera querido. Mientras ataca verbalmente a José Luis, la cámara empieza a moverse lentamente, y se detiene, finalmente, sobre éste, subrayando su aislamiento. Pero, al desprecio que tiene Manuel por su hijo por la incapacidad de éste de liberarse de la influencia materna, se añade también quizás cierta rivalidad sexual. Cuando Manuel clasifica a Silvia como «una maravilla», se deja intuir el deseo sexual que siente no solamente por la madre, Carmen, sino por la hija —deseo que se manifiesta abiertamente cuando más adelante la besa en la boca, y cuando se abrazan en el *tableau* final de la película.

La rivalidad padre-hijo por el amor de Silvia es otro eco valleinclanesco, porque además de remitir a la estética esperpéntica —y, en el sentido de Bakhtin, «festiva» (1984)— de obras como *Martes de carnaval* (1930), *Jamón jamón* recuerda el conflicto entre padre e hijo en una de las comedias bárbaras del escritor español, *Cara de plata* (1923). En ésta, la chica, Sabelita, ama no al joven caballero «Cara de plata» —otro personaje «lunar», que anticipa y complementa los intereses «lunares» de Lorca y de Bigas Luna— sino a su padre, Don Juan Manuel Montenegro, precursor del Manuel de *Jamón jamón*. El atractivo de Silvia, para Manuel, no es solamente el de una inocencia no corrompida por las experiencias de la vida, sino también el de una mujer/hija o adolescente no contaminada por las ideas feministas del posfranquismo. En la filmografía de Bigas Luna quizás los personajes que con más perversidad representan este temor tanto a los cambios en la situación de la mujer como a la amenaza de la mujer poderosa aparecen en *Las edades de Lulú* y, sobre todo, en *Bilbao*, donde los protagonistas insisten en que las mujeres con quienes se relacionan han de afeitarse el pubis. En aquélla, Pablo (Oscar Ladoire) da una serie de órdenes a Lulú (Francesca Neri): «¡Siéntate!», «¡Túmbate!», y rasura él mismo el vello de su sexo; en *Bilbao*, Leo (Ángel Jové) hace lo mismo con Bilbao, después de haberla matado. En algunas ocasiones, como en *Bámbola*, el maso-

Silvia (Penélope Cruz) en casa.

quismo del personaje femenino le hace aceptar el papel sumiso que le impone su amante; en estos casos el masoquismo también es una forma de poder, ya que la/el masoquista exige este tipo de tratamiento sexual. En otras ocasiones, la mujer se harta y, como Lulú en *Las edades de Lulú*, declara «no quiero ser más una niña».

Volviendo a la escena entre padre e hijo en *Jamón jamón*, el clímax de la violación emocional del hijo llega cuando la agresión verbal paterna es interrumpida por la entrada de la persona que ha tenido una influencia más perniciosa en la vida de José Luis, su madre.

Madres e hijas

En su discusión sobre la maternidad y las relaciones entre madres e hijas E. Ann Kaplan (1997) subraya las diferencias entre los aspectos históricos, psicológicos y ficticios. El aspecto histórico corresponde a su papel social: es decir, la madre como modelo fundamental para toda niña. El nivel psicológico, algo teorizado por primera vez de una forma coherente y sistemática por Freud, corresponde a su importancia en el inconsciente del sujeto; y el aspecto ficticio remite a la representación de la figura de la madre en el arte. Este tercer aspecto está construido por la interacción de los otros dos. En *Jamón jamón* la interacción de los dos primeros se ve claramente en las dos madres, Carmen y Conchita, que son en cierto modo, dos personajes opuestos —la madre buena y la madre mala descritas por Freud respectivamente— pero que en última instancia simbolizan las dos caras de una misma moneda. En cuanto al aspecto histórico, las dos madres se aprovechan de las nuevas circunstancias de la mujer en la España de la democracia. *Jamón jamón* es otra película que, como apunta María José Gámez Fuentes respecto a *El pájaro de la felicidad* (Pilar Miró, 1993), *Nadie hablará de nosotras cuando hayamos muerto* (Agustín Díaz Yanes, 1995), *Solas* (Benito Zambrano, 1999) y *Todo sobre mi madre* (Pedro Almodóvar, 1999), se puede leer como un *locus* cuestionador de la historia de España. A través del uso de las dos madres, Bigas Luna cuestiona aquí también «la hegemonía de la narrativa oficialista vigente, ya sea franquista o democrática [...] de crear formas de actuación, vinculación y desarrollo que no constituyen una simple imitación, reproducción y, por tanto, consolidación de la ley de los patrones vigentes» (Gámez Fuentes, 2001, 69).

Las dos madres son mujeres fuertes. Conchita tiene un papel importante como diseñadora y gerente en la fábrica de calzoncillos; Carmen se gana la vida trabajando en el puticlub. Tanto la casada Conchita como la separada Carmen son mujeres independientes, no restringidas a la vida familiar. En cuanto al nivel psicológico, expresan de forma diferente la configuración del ideal de la madre en el inconsciente del sujeto y, en este sentido también reflejan una dialéctica muy interesante entre las actitudes tradicionales y progresistas. Es la relación entre Carmen y Silvia, entre madre e hija, la que engloba los componentes más positivos, complicando, así, la configuración de la mujer en el inconsciente del sujeto. Según Nancy Chodorow, existe una relación más íntima entre madre e hija que entre madre e hijo, ya que la hija «se comporta como si se sintiera inconscientemente unida con la madre [...] las hijas se ven como demasiado vinculadas con la madre, sin individualidad, sin fronteras» (1978, 136-37). En esta misma línea, María Asunción González de Chávez Fernández comenta:

Con un déficit narcisista primario, y probablemente, a causa de una mayor frustración, con mayores impulsos sádicos y con sus consecuentes temores de retaliación, la niña, a partir del primer año, debe iniciar el proceso de desventaja, con un prolongado deseo de fusión, a causa de una mayor carencia de empatía inicial maternal, y con mayor temor al abandono. Por su parte, la madre, tal como señalan numerosas investigaciones, a la par que tolera más la separación del varón, mantiene, sin embargo, un mayor control y retención de la hija, que es vivida en mayor medida como una prolongación de sí misma, y que parece destinada también a cubrir las demandas insatisfechas maternas de fusión y nutrición (1993, 78).

En el cine español quizás la versión más dramática del aspecto negativo de la relación madre-hija se encuentre en *Mi hija Hildegart* (Fernando Fernán Gómez, 1977). No hay ilustración más perturbadora de la madre asfixiante que se niega a respetar las fronteras entre sí misma y su hija que la de esta historia de una madre que se impone a su hija, hasta el extremo de llegar a marcar el cuerpo de ésta con el signo de su posesión y control. Pero la madre fálica, o sádica, no dispuesta a separarse de su hija, también tiene equivalentes más positivos en el cine español, por ejemplo en figuras como la madre en *Cría cuervos* (Carlos Saura, 1975). En este caso, los papeles de madre e hija los desempeñan la misma actriz, Geraldine Chaplin, lo cual subraya aún más la identificación entre ambas. Pero esta identificación se basa en instintos y deseos positivos, que surgen de un mutuo cariño: la hija preocupada por la salud y bienestar de una madre cuyo marido es un obstinado conquistador, la madre cuidando de su niña de una forma completamente altruista. Estos son los dos polos del espectro; entre medio se encuentran toda una serie de madres más o menos involucradas en la vida de sus hijas, como, por ejemplo, la madre en *El espíritu de la colmena* (Víctor Erice, 1974), demasiado distraída con misteriosas preocupaciones después de la posguerra como para hacerles mucho caso a sus hijas; o las madres en *Gary Cooper que estás en los cielos* (Pilar Miró, 1980) y *Todo sobre mi madre,* desconocedoras de la vida real que llevan sus hijas.

En *Jamón jamón* la relación madre-hija responde al prototipo positivo. Hay un mutuo cariño incuestionable e inquebrantable, que se refleja en actitudes, gestos, palabras, acciones y varias estrategias formales, como por ejemplo el

Madre (Anna Galiena) e hija (Penélope Cruz).

uso de los colores, ropa, planos y cuadros. Después de la escena violenta con el padre, en la que éste grita a Carmen y la acusa de acostarse con otros hombres, las niñas se acercan a su madre, la abrazan y en el cuadro final forman una trinidad de mujeres, como parodiando a la Trinidad —masculina, desde luego— del Cristianismo. Carmen está en el centro, las dos niñas pequeñas a un lado, y Silvia a su izquierda, todas abrazadas. La única palabra que se pronuncia en el silencio que sigue al alboroto de la escena con el padre —ya otra vez desaparecido de la vida familiar— es «¡Mamá!». La palabra reivindica la importancia, fuerza y amor de las hijas por la madre, una madre que, en contraste con la falta de responsabilidad del padre, sigue luchando por sus hijas.

La expresión amorosa de las hijas por la madre encuentra su reflejo en la actitud de ésta, como cuando Silvia vuelve a casa para informarle de que está embarazada y que quiere casarse con José Luis, el padre de su hijo. La estructura de la escena, como todo detalle de esta película, merece análisis. Antes de iniciar la conversación entre madre e hija sobre los amoríos de ésta, la película nos da como preludio el incidente con el cerdito, Pablito. Éste entra en la casa, y la madre riñe a las niñas por haberle dejado pasar, mientras se preocupa por algunos rasguños que tiene una de ellas, signo de que Carmen es una buena madre, siempre atenta a las necesidades de sus hijas. Pero su queja por el hecho de que hayan dejado entrar a Pablito en la casa tiene, más que un sentido literal, una significación inconsciente y metafórica, formando parte de la estructura conceptual de la escena. La importancia del detalle de la entrada inoportuna del cochinillo destaca más por el uso de dos palabras por parte de Carmen cuando se entera del embarazo de Silvia. Primero le dice: «¡Oye! ¿No estarás preñada?» (cuando Carmen usa la palabra «preñada», Silvia está acunando en los brazos a Pablito). Luego, como si se hubiera dado cuenta de lo inapropiado del uso de la palabra «preñada», añade: «Te dije que tuvieras cuidado. ¡Embarazada! Lo que faltaba. No quiero que pases por lo que pasé yo».

Por un lado, la madre está enfadada con su hija porque no quiere que sufra en un casamiento forzado con un hombre controlado por una madre difícil, posesiva y clasista. Pero, por otro lado, el uso del término «preñada», más brutal que «embarazada», se inspira quizás en el ambiente más primitivo, más animal, que en cierto modo ha creado, sin ser consciente de ello, el dichoso Pablito, símbolo aquí de los instintos animales. El uso de la palabra «preñada» no conlleva una actitud hostil hacia Silvia —ya que en todas las escenas con ésta Carmen no demuestra más que cariño incondicional por ella— sino una comprensión del poder invencible del deseo sexual, del instinto animal que atrae irracionalmente a una persona hacia otra. Lo verbal aquí refuerza el sentido de otras identificaciones visuales —Raúl/toro/jamón, o Carmen/papagayo— de una forma menos perturbadora que en *Caniche*, donde los hermanos regresan a un estado de animalidad tal que la protagonista pone miel sobre su propio sexo para que su caniche se lo lama. Cuando Carmen se da cuenta de la retórica primitiva, incluso bestial, de su primera elección de palabra sustituye «preñada» por «embarazada», queriendo, pensándolo bien, dar un toque menos vulgar al registro empleado con su hija. Así pues, el uso quizás inconsciente aquí de la palabra nos recuerda la mezcla de lo humano y lo animal en Raúl cuando torea o cuando hace el cerdo, o de Carmen cuando imita los gritos y gesticulaciones del papagayo Guaca. Bigas Luna describe la animalidad, o sensualidad, de Anna Galiena de esta forma: «Es una de las mujeres más sensuales que he conocido. Lo que más me fascina de ella es su boca» (en Bigas Luna y Cuca Canals, 1994, 15). En el primer acto (escena 4) de *Macbeth*, Duncan dice «There's no art to find the mind's construction in the face» (No se puede conocer la mente de una persona mediante un análisis de su cara). Carmen, imitando los gestos de su loro, parece contradecir al Duncan de Shakespeare, pues la expresión de su cara cede ante su identidad animal.

Carmen y Conchita son mujeres «nuevas», como la mujer fatal de Victoria Abril en *Amantes* (Vicente Aranda, 1991), hecha sólo un año antes que *Jamón jamón*, que, en una escena notoria, devora sexualmente a Jorge Sanz. Son mujeres que expresan su sexualidad no para luego ser castigadas, como en el *film noir* clásico, sino para afirmar su deseo, y el derecho a disfrutar de éste. Cuando Raúl y Conchita hacen el amor en el bar de carretera, el contacto sexual empieza en el piso bajo. Conchita, vestida casi con un uniforme de mujer fatal, traje rojo ajustado, gafas de sol (como Barbara Stanwyck, reina de las mujeres fatales, en *Perdición* [Double Indemnity, Billy Wilder, 1944]) y collar de perlas (que Raúl compara con su pecho blanco), empieza a tomar la iniciativa. Primero le dice a Raúl, «no me hables de usted». Luego se quita las gafas como para dar el primer paso en la conquista de su víctima. Le pregunta si le está gustando, le toca los labios, le ordena «¡Bésame!», y le da un beso. Irónicamente, en esta escena entre una mujer fatal que podría ser la madre de Raúl, y el más o menos inocente objeto de su pasión, la música es la misma que ya asociamos con las escenas líricas de los deseos nupciales de Silvia. Esta ironía se intensifica cuando, en la segunda parte de la secuencia, Conchita y Raúl están de pie, en plano americano, contra la ventana de su habitación, abrazándose y explorando mutuamente sus cuerpos. Envueltos en las sombras, éstos se perciben casi sólo como siluetas, destacándose la ventana y la luminosidad exterior, que deja ver claramente los omnipresentes camiones, símbolos fálicos que añaden aquí un nivel más de ironía, ya que al principio Raúl no puede tener una erección. La presencia y personalidad de Conchita le inhibe, y sólo después de manipularse el pene él mismo está en condiciones de abordar a Conchita con éxito. Pero esta necesidad de autoestimulación es una muestra del fracaso de su autocontrol. Primero, en sus intentos iniciales de hacer el amor, cuando Conchita está debajo de él —la cámara situada por detrás— los zapatos

de ésta, de color blanco y negro (subrayando quizá su ambigüedad de carácter) parecen ser, por la posición que ella ha
adoptado, las orejas de Raúl, que resulta así colonizado, su
cuerpo dominado y transformado grotescamente por Conchita,
por sus valores materialistas. Al ver estos zapatos tan finos y
elegantes nos acordamos de las palabras de Silvia cuando so-
ñaba con el armario en que guardaría los muchos zapatos que
tendría tras casarse con José Luis. Cuando por fin Conchita
cambia su posición para tener a Raúl debajo de ella, y en pleno
orgasmo le promete que le regalará una moto Yamaha, consta-
tamos que Raúl ha caído irremediablemente en las redes de
esta mujer fatal.

El impacto de la intervención de las dos mujeres mayores
en la vida de los hombres acarrea el cuestionamiento del orden
social masculino. Como argumenta, entre otras teóricas feministas, Luce Irigaray (1993), la mujer ha sido históricamente situada fuera del imaginario cultural, simbolizado en esta película
por el toro. Conchita y Carmen se rebelan —desde luego ni a
propósito, ni conscientemente— contra esta marginación y re-
presión de lo femenino, contra el discurso dominante de la cultura. En términos prácticos, complican temporalmente las
divisiones de género y de sexualidad, para provocar fluidez
donde hay fijeza, cuestionando las definiciones de lo masculino como lo activo y lo femenino como lo pasivo. Sobre todo, lo
que las mujeres reclaman aquí es su esencia maternal: al hacer
el amor con estos chicos casi adolescentes Conchita y Carmen actúan como madres, dominando a sus amantes/hijos, en
actos cuyas consecuencias son tanto positivas —ya que cele-
bran lo femenino y lo maternal— como negativas —ya que
mantienen a sus amantes/hijos en un estado de infantilización.

En los dos encuentros sexuales entre Conchita y Raúl por
un lado, y Carmen y José Luis por otro, el hombre está debajo
de la mujer, y ellas son las que dirigen las operaciones. Mientras la música no diegética es, otra vez, y muy apropiadamente, el bolero «Házmelo otra vez», José Luis, en el puticlub, está
tumbado en la cama de una habitación, bañada de una luz
roja, color obligatorio de la pasión. Carmen empieza a torturar-
le con sus movimientos lascivos, cimbreando el cuerpo, sacán-
dose y tocándose los pechos, metiéndose el dedo en la boca
sensualmente, humedeciéndolo para acariciar con él los pezo-
nes de José Luis, y sentándose después sobre su sexo. La cá-

mara entonces se concentra en un primer plano de la boca de
Carmen, que se abre y contorsiona, para imitar los gritos del
loro, eufemismo y anticipo visual de la «sonrisa vertical» de la
que luego disfrutará su víctima indefensa. La boca de Carmen
es, en forma fílmica, otro ejemplar de lo que Isabel Pisano llama «una sorprendente y maravillosa colección de coños» pin-
tados por Bigas Luna (2001, 194), que explica su predilección
por esta parte de la anatomía femenina así:

> No me interesa la verdad mística, sino el misterio y la fuerza de
> ciertas figuras. Se trata aún de energías, es decir, de símbolos car-
> gados de posibilidades diferentes. ¿Ves esta imagen? Puede ser un
> ojo o un sexo femenino, puede referirse a la primera fisura hacia el
> mundo o a la última mirada hacia éste cuando cerramos los ojos
> por última vez; la forma es un sexo femenino horizontal (2001, 194).

En *Jamón jamón* lo animal de todos los personajes se percibe
a menudo a lo largo de la película, pero aquí, además de seña-
lar los instintos primitivos de un personaje, refuerza los vínculos entre madre e hija, como si la madre entendiera la atracción
física de su hija, no solamente por cualquier hombre sino precisamente por uno de los hombres que es cliente suyo en el
puticlub.

La fusión de madre e hija se expresa además físicamente:
siempre se tocan la una a la otra, en la cara, la espalda, el pelo.
Pero esta identificación también se revela mediante el uso de la
ropa y los colores, y en la forma de ser encuadradas por la cámara. Como en el caso de Conchita y José Luis, madre e hija
recurren a menudo a ropa colorada, negra y blanca. Carmen
viste frecuentemente de rojo —montada en su motocicleta la
vemos con pañuelo y vestido rojos debajo de la americana ma-
rrón; en el puticlub viste también de rojo—, en la fiesta de los
jubilados viste de blanco, y en otras muchas ocasiones de negro, incluida la última escena de la película, como anticipando
el luto por José Luis, que morirá a manos de Raúl. Con la única
excepción de la fiesta para los jubilados, Carmen sólo viste de
rojo o negro.

Estos colores dramáticos —de la pasión y de la muerte—
corresponden a su papel de puta y de mujer sensual. Rojos,
negros y blancos también dominan en el vestuario de Silvia (a
excepción de la escena inicial en la fábrica de calzoncillos,
donde está vestida de amarillo, y en la escena con su padre,

en la que va de azul claro). En la primera escena con José Luis, Silvia lleva camiseta al estilo francés, con rayas horizontales rojas y blancas, pantalones negros, y zapatillas de gimnasio; en casa, cuando informa a su madre de su embarazo, lleva sujetador negro (como aquélla); en la segunda escena entre madre e hija, Silvia lleva sujetador negro, y Carmen un vestido rojo; en el primer encuentro con Raúl, Silvia viste de negro; regresando a casa, cuando Raúl trata de entretenerla, lleva un vestido blanco con lunares rojos; en la discoteca, viste de negro con Raúl, así como después de la escena de los novillos; otra vez camino de casa, detenida por Raúl en su motocicleta, Silvia viste de rojo; en la última escena de amor con José Luis, y cuando hace el amor con Raúl en el bar, y luego en el campo, así como en las últimas escenas de la película (incluso cuando da un beso a Manuel), viste de blanco. El blanco —significativamente usado en la última escena de amor con José Luis, el primer encuentro sexual con Raúl y con Manuel— simboliza la virginidad (otra ironía) y el carácter casi adolescente de Silvia: perdida en manos de José Luis, pero en cierto modo recuperada por Raúl y, sobre todo, por Manuel. Manuel es el personaje que reemplaza, finalmente, no sólo a José Luis y a Raúl en su vida emocional sino también a su padre y a su madre en el viaje edípico que completa simbólicamente al final de la película.

En este sentido es interesante comparar estas conexiones con las establecidas por el uso de la cámara en aquellas escenas de la primera parte de la película cuando, por ejemplo, vemos a Silvia triste, quejándose ante su madre de la cobardía de José Luis: al principio aparece junto a su madre en un plano americano, luego se queda sola por un momento, pero en seguida la madre vuelve a su lado para instalarse otra vez cerca de ella. El consuelo de la madre, simbolizado visualmente por el acercamiento hacia su hija, aquí inmovilizada por la tristeza —estatismo también reflejado por la cámara fija de esta secuencia— provoca las palabras de Silvia: «Eres la mejor madre del mundo». Aquí la identificación entre madre e hija demuestra la unidad simbiótica de las dos, pero sin incorporar ningún elemento negativo de los que esta identificación es a veces capaz. La relación entre Silvia y Carmen recuerda la relación ideal entre madre e hija descrita por Rousseau en *Emile*: «No hay ningún sustituto para el cariño maternal» (1979, 45). Pero la idealización rousseauniana de la familia —«Cuando la familia es dinámica y viva, los deberes caseros son el empleo más querido de la esposa y el placer más dulce del esposo» (1979, 46)— también es satirizada en *Jamón jamón*. Nos encontramos, pues, ante una película que ironiza pero a la vez lamenta la pérdida de este ideal en la España de los noventa. Significativamente, sin embargo, es la madre quien rompe este lazo al final de la película, y quien empuja a la hija a los brazos de Manuel, el Padre, para que aquélla efectúe la ruptura necesaria en su trayectoria edípica. La niña sustituye —con el apoyo de la madre— al padre ausente por Manuel (que, como sabemos, también ha sido el amante o «marido» de Carmen).

Los análisis psicológicos de los patrones de comportamiento que más frecuentemente siguen las hijas abandonadas por sus padres señalan una serie de actitudes recurrentes, entre ellas el temor, y la tendencia o bien a la dependencia, o a la independencia, además de, en ocasiones, la atracción hacia parejas más viejas. Como señala Victoria Secunda en su estudio sobre las hijas abandonadas por sus padres:

> [...] como adolescentes no aguantaron no tener citas los sábados; como adultas, no pensaron más que en buscar marido. Esta búsqueda era tan desesperada que aceptaban a cualquier hombre que les enseñara amor o lealtad. Estas mujeres se enamoraban demasiado rápidamente, actuaban de forma demasiado frenética

Silvia (Penélope Cruz): la novia decepcionada.

en sus esfuerzos por evitar la soledad y el recuerdo horrible de haber sido abandonadas para quedarse solas en el mundo (1993, 212-13).

El personaje de Silvia, papel desempeñado por una actriz de sólo 17 años, se aproxima al prototipo subrayado aquí, no sólo en su continua búsqueda de novios, sino en su deseo de reemplazar al padre violento por quien ha sido abandonada. Borracho, machista, responsable de malos tratos contra su mujer e hijas, el padre de Silvia es otro personaje condenado a la infelicidad y a una vida inestable (algo a lo que apunta también su profesión de camionero), encarcelado en una sexualidad definida por una violencia incontrolable, por los camiones/falos en los que, como una versión del «buque fantasma», conduce su vida desesperada.

Pero incluso en la representación de la masculinidad de José Luis y Raúl, personajes por los que, a diferencia del padre de Silvia, el espectador siente una cierta simpatía, los instintos violentos masculinos se ponen en evidencia y se condenan. Huyendo de la violencia, Silvia busca —tanto en José Luis y Raúl, jóvenes más compatibles en edad, como en Manuel— no solamente la ternura y el cariño sino también la responsabilidad, madurez y hombría del padre ideal, y no deja de ser —como en la mayoría de los papeles desempeñados por Penélope Cruz— la hija en busca del padre.

Conclusión

Hablando de la tragedia, Aristóteles trata, en *La poética,* del hombre medio, un hombre no especialmente bueno o justo, cuya mala fortuna viene causada no por el vicio o la depravación sino por algún error. El sentimiento trágico de la vida también surge del reconocimiento de la impotencia del ser humano frente a las leyes de la existencia. En la tragedia griega estas leyes eran formuladas por los dioses y diosas que gobernaban el universo. En la tragedia clásica española del Siglo de Oro las leyes contra las que luchaban los personajes eran no solamente las de Dios sino las de un sistema social que contradecía aquéllas y que a menudo provocaba crisis psicológicas en los personajes trágicos como Segismundo, Don Juan y el Caballero de Olmedo. En todos los casos del drama clásico español, sin embargo, se suponía que el héroe tenía libre albedrío, del que podría en cualquier momento servirse para cambiar el rumbo de su vida.

En *Jamón jamón*, Bigas Luna crea un ambiente trágico para luego socavarlo. El héroe de esta tragedia es José Luis. Siguiendo la teoría aristotélica, es un hombre medio, y su error es el de no darse cuenta hasta demasiado tarde de su amor por Silvia. Pero, a diferencia de lo que sentimos por Segismundo, Don Juan o el Caballero de Olmedo, ni el sufrimiento de José Luis nos provoca piedad ni sus acciones temor. Bigas Luna despoja a sus personajes de todo sentido heroico, porque todos pertenecen a un mundo irrevocablemente materialista, donde se traicionan a sí mismos, y en el que sus acciones resultan cómicas. Esta mezcla crea la tragicomedia o, en términos fílmicos, el melodrama. La victimización de los personajes —sobre todo José Luis— no significa que sus crisis sean en sí menos graves o patéticas. En vez de un héroe cuya soledad en un mundo incomprensible nos mueve a sentir piedad o temor por nuestras propias circunstancias, Bigas Luna nos presenta a un niñato completamente agobiado tanto por un ideal de masculinidad que no puede asumir como por una madre asfixiante que proyecta sus frustraciones sobre él.

Aunque en su melodrama de tipo «auto sacramental» moderno Bigas Luna distancia un poco a los espectadores de la acción y personajes de la narrativa, siempre mantiene el interés no solamente por los aspectos estéticos sino por el destino de los personajes. El conflicto principal —los esfuerzos de Conchita por interrumpir la relación entre su hijo y la hija de la puta— crea una multitud de otros conflictos: sobre todo, la rivalidad entre José Luis y Raúl, y los roces entre José Luis y Manuel. Mediante estos conflictos se expresan no solamente los antagonismos de distintas personalidades sino los choques de ideas (por ejemplo, de diferentes conceptos de hombría, de felicidad, de clase). Estos conflictos dan vida a los personajes y conducen al final tragimelodramático de la película.

El espacio fílmico donde se desarrolla la narrativa es un territorio conocido, pero la película invita a los espectadores a ver desde otro punto de vista las realidades que se dan por entendidas. Como el arte de los surrealistas —con el que *Jamón jamón* tiene muchas afinidades— la película, en su totalidad, puede considerarse el equivalente de *l'objet trouvé*. Esto es perceptible en muchas ocasiones, y de forma especialmente clara en la fiesta de hermandad que tiene lugar hacia el principio de la película. En un filme que aborda aspectos fundamentales de la cultura española, la escena de la fiesta hubiera podido ser una oportunidad para proyectar una imagen utópica del país. Aquí es todo lo contrario: es precisamente en esta situación en la que los conflictos entre los personajes se hacen visibles y hasta cierto punto públicos. Además, la fiesta aquí apenas tiene nada de aquellos aspectos subrayados por Bakhtin del mundo al revés, de las inversiones, de los personajes marginados que provisionalmente ocupan lugares céntricos, de saturnalias, de subversiones de las leyes de la lógica social o estética (1984). En la escena de la comida para la hermandad todo está preparado para poner en marcha un ambiente utópico o festivo: el decorado parece sacado de una película de Josef von Sternberg, con farolillos de verbena de muchos colores, numerosa gente vestida de fiesta, una paella gigante, y varios platos de tortilla, todo lo cual proporciona un banquete de placeres visuales; la orquesta empieza a tocar una melodía

La comida —no muy «festiva»— para la hermandad.

latina, y la gente se pone a bailar. Pero rápidamente la promesa de una tarde de alegría cede paso a celos incontrolables, rencores, divisiones drásticas de clase y llantos. La comida, imagen para Bakhtin del placer y de la abundancia, es aquí —como a menudo en las películas de Buñuel (por ejemplo, *El ángel exterminador* o *El discreto encanto de la burguesía* [Le Charme discret de la bourgeoisie]), o de Hitchcock (por ejemplo, *Frenesí,* Frenzy, 1972)— más bien una expresión de los prejuicios o represiones de sus personajes.

En esta escena de *Jamón jamón*, Conchita primero se queja de la tortilla —«Para mí está horrible. Tiene mucho ajo, además está saladísima»— aunque alaba la paella, no preparada, desde luego, por Silvia. Luego humilla y entristece a ésta cuando, al ver a Manuel bailando con Carmen, dice, dirigiéndose a José Luis: «¿Qué hace tu padre bailando con esa puta?». Después de la salida de Silvia hay un corte, y la imagen siguiente capta ya la escena después de la fiesta: tiempo nuboso y gris, farolillos rotos, un perro comiéndose los restos de la paella y luego tratando de saltar fuera del enorme recipiente, mientras otro perro corre hacia él seguido por la cámara con un *zoom*, como para recalcar, una vez más, la conexión entre animales y seres humanos (aquí no en cuanto a la sexualidad ni nobleza de ambos sino en su similar lucha por sobrevivir y por protegerse a sí mismos). En esta escena, la paella y la

El oro de Nápoles (De Sica). Los espaguetis: el «jamón» italiano.

tortilla, que hubieran podido ser, como los espaguetis que come el viudo después de la muerte de su mujer en *El oro de Nápoles,* una fuente de consuelo, no son nada más que un símbolo del fracaso de la comunidad, de la familia y del ensueño de la pareja feliz.

Pero aunque el ambiente de *Jamón jamón* sea, en cierto sentido, negativo y oscuro, la película ha apasionado a los espectadores porque este mundo distópico es habitado por personajes fuertes y reconocibles, algunos (Conchita, Carmen, Raúl), caracterizados por su determinación contra la que otros más pasivos (José Luis y Silvia) tienen que reaccionar. José Luis, torturado emocionalmente por su madre, se convierte en un personaje decidido, pero sólo para poner un fin trágico al melodrama de su vida familiar. Todos los personajes evolucionan, algunos más que otros, y en las vicisitudes de los deseos y de las circunstancias de Silvia, Carmen, José Luis, Manuel, Conchita y Carmen reconocemos los altibajos de nuestra propia condición humana.

**La agonía del ma-
cho ibérico.**

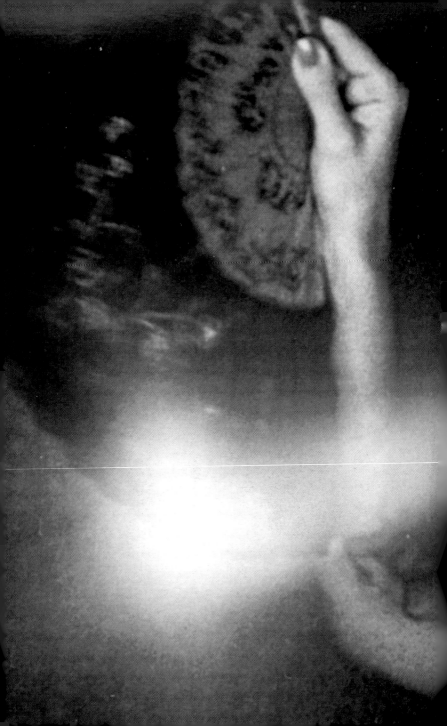

Documentación

Ficha técnica y artística

Título original *Jamón jamón* (España, 1992)

35 mm. Color

Dirección **Bigas Luna**

Guión **Bigas Luna**, **Cuca Canals**

Diálogos adicionales **Quim Monzó**

Compañía productora **Lolafilms**

Productor ejecutivo **Andrés Vicente Gómez**

Productores asociados **Manuel Lombardero (Lolafilms),
Pepo Sol (Ovideo TV), Sogepaq**

Director de producción **Ricardo Albarrán**

Fotografía **José Luis Alcaine**

Montaje **Pablo del Amo**

Montaje de imagen **Teresa Font**

Montaje de sonido **Miguel Ángel Rejas**

Música **Nicola Piovani**

Canciones **«Házmelo otra vez», de Concha Valdés Miranda,
interpretada por Moncho; «Você abusou», de A. Carlos e
Jocafi, interpretada por Nadia Godoy; «Mi chocha pecho-
sa», de Mauro Endara, interpretada por Los Melódicos; «Así
me gusta a mí», de R. García y G. Bou, interpretada por
Chimo Bayo; «Destroy Yourself», de Jordi Batiste Triado, interpretada por Sergio Ortiz; «Cumbarroa», de E. Vázquez
Amor y T. Gonzalo Garrigol, interpretada por La Banda Encinacorva, Zaragoza**

Decorador **Julio Esteban**

Maquillaje y peluquería **Marcel, B. Villanueva, S. Merino**

Diseño de imagen **Chus Uroz**, **Noemí Campano**

Efectos especiales **Reyes Abades**

Casting **Consol Tura**

Exteriores **Zaragoza, Los Monegros, Monegrillo, Candas-
nos, Peñalba, Villamayor**

Intérpretes

Silvia **Penélope Cruz**
Carmen **Anna Galiena**
Raúl **Javier Bardem**
Conchita **Stefania Sandrelli**
Manuel **Juan Diego**
José Luis **Jordi Mollà**
Tomás Penco
Armando del Río
Diana Sassen
Chema Mazo
Isabel de Castro Oros
Nazaret Callao
Marianne Hermitte
Nadia Godoy
Marí Renir
Susana Koska
Miguel García
Roberto Bermejo
Guaca López de la Sierra
Lira Herce de Bigas
Banda Encinacorva

Sinopsis

Silvia (Penélope Cruz) es la hija de Carmen (Anna Galiena), mujer abandonada por su marido. Ésta se gana la vida trabajando en un puticlub y haciendo tortillas de patata. El novio de Silvia es José Luis (Jordi Mollà), un niño pijo, hijo de Conchita (Stefania Sandrelli) y de Manuel (Juan Diego), dueños de una fábrica de calzoncillos. Silvia está embarazada de José Luis, pero Conchita se niega a que éste, que también es cliente sexual de Carmen, se case con la hija de esta puta. Para abortar el romance entre José Luis y Silvia, Conchita contrata a Raúl (Javier Bardem), que trabaja en un almacén de jamones y que aspira a ser torero, pagándole para que finja enamorarse de Silvia pero, a la vez, resultando ella misma atraída por su masculinidad magnética. Al darse cuenta del romance de Silvia con Raúl, José Luis se arrepiente de su cobardía al no haber desafiado antes a su madre, pero ante el rechazo de Silvia se dirige al almacén de Raúl para matarle. Allí ve, atónito, a su madre haciendo el amor con su rival, descubrimiento que da lugar a una reyerta entre los dos. Al poco rato acuden Silvia, Carmen y Manuel. Raúl mata a José Luis. El cuadro final empareja a Silvia con Manuel, a Conchita con Raúl, y a Carmen con el muerto José Luis.

Selección de textos

" Puta tiene una connotación positiva. En España, cuando algo es bonito o gusta mucho, la gente dice: 'es de puta madre', queriendo decir que una mujer que es puta y madre a la vez es el máximo, de alguna manera, como símbolo. Me acuerdo de que cuando mi madre se arreglaba para ir a algún *party*, y se pintaba mucho y se llenaba de joyas, mi padre siempre le decía: '¿Dónde vas con eso? Pareces una puta'; ¿entiendes? Quiero decir; hay un cruce de personalidades que me hace mucha gracia, por eso he querido representar un poco a una madre con personalidad de puta y a una puta con personalidad de madre. "

BIGAS LUNA, en *Bigas Luna; sombra de Bigas, luces de luna* (Isabel Pisano)

" Cuando *Jamón jamón* se estrenó, los críticos españoles estuvieron de acuerdo acerca de la importancia de los espacios donde se rodó la película: la región visualmente espectacular de Los Monegros, área extensa de colinas pardas y tierra árida situada cerca de la capital de Aragón, Zaragoza. La referencia geográfica es relevante no sólo porque fue elegida para representar lo que varios críticos han descrito con justicia como 'la España profunda', 'la España de puticlubs, de jubilados, de carretera y polvo: la idiosincrática España de ajo arriero y tortilla de patatas con cebolla' (Freixas, *Dirigido por*, nº 205, 1992, págs. 34-37) —una España diferente de las versiones estereotipadas del sur y de la costa mediterránea— sino también por la historia cultural y fílmica de la región como representativa de cierto tipo de españolidad. Aunque se han rodado otras muchas películas en Aragón, la más conectada con esta región es *Nobleza baturra* (1935), de Florián Rey, filme que elogia las cualidades de decencia, franqueza y honradez asociadas de forma estereotípica con este pueblo y expresadas por la palabra 'baturro'. "

CELESTINO DELEYTO, en *Spanish Cinema: the Auteurist Tradition*, Peter William Evans (comp.)

" Ha metido todo el Western en Los Monegros, la épica de gasolinera, Hooper, el matorral rodante, la barfolla, que se ha convertido en una bolsa de plástico, Millet, Picasso azul, Goya, Buñuel, Dalí, la espesa gastronomía de la civilización del toro y del ajo [...]. I a historia podría ser un culebrón, un melodrama en el que la chica embrujada del pijo sueña con un armario lleno de zapatos [...] España, año 1992, Jamón Conquistadores. Triunfalismo oficial, vacío, hueco, como siempre, como ahora; sucesivos triunfalismos de marketing y bares mugrientos donde la gente se consuela con las tragaperras y un loro caribe y una puta que dice 'haca, uaca, uaca' [...] Tragedia telúrica que prescinde de la estampa superflua: ni curas ni guardiaciviles. "

MARIANO GISTAÍN, *Festival de Cine de Huesca*

" Después de cinco semanas de rodaje en Los Monegros, el equipo de *Jamón jamón* se trasladó a una confortable casa en un pueblo cercano a Barcelona, donde se supone vive la familia rica de la película. Mucho más satisfechos con el clima de Barcelona que con los fríos polares que han sufrido en medio del desierto aragonés, Bigas Luna, Juan Diego, Stefania Sandrelli, Jordi Mollà y Penélope Cruz se disponen a vivir uno de los momentos de transición de la historia, cuando, después de descubrirse el embarazo de Silvia, la madre de José Luis empieza a urdir la trampa que los llevará a todos a la tragedia. Anna Galiena y Javier Bardem, quinto y sexto personaje de este melodrama con cebollas y ajo, no están presentes.

Anna Galiena porque ha terminado ya su intervención como Carmen, la puta, madre de Silvia, que regenta un bar de carretera, refugio de camioneros. Raúl, es decir Javier Bardem, porque su personaje está vinculado espacialmente al secano, los jamones y Los Monegros a donde volverán para hacer las últimas tomas de la película.

El rodaje en exteriores, en un paisaje desolado y arisco, es quizá la principal novedad en esta película en la que Bigas ha asumido muchos riesgos. El paisaje abierto y de grandes espacios está contemplado desde una perspectiva urbana, porque no hay que olvidar que ésta no es una historia rural. 'A mí me gusta mucho el campo, pero no lo entiendo. Por eso ésta es una historia muy simbólica. Si he querido ir a Los Monegros es porque allí el paisaje es muy limpio, muy puro', confiesa el director.

Película de carretera, pero no una road movie, 'Jamón jamón, es un título que me encanta' dice Bigas 'porque todo el mundo se ríe al oírlo', es un melodrama de pasiones, que sucede en un espacio definido por Juan Diego como 'una especie de Lejano Oeste con

Rockolas, Gin Tónics y el Toro de Veterano'. Rodada en Cinemascope, 'el formato que más me gusta porque es el formato del cine y no para la televisión', Jamón jamón tiene fotografía de José Luis Alcaine, con el que Bigas trabaja por primera vez. 'Alcaine es un elemento importante en la película. Él tiene un estilo propio y me daba un poco de miedo. Pero ha entendido mucho mi mundo y ha comprendido muy bien por dónde voy. Alcaine es una gran ayuda, interviene y opina en muchas cosas, no sólo en la luz. Siempre he dicho que el secreto de dirigir es saber utilizar bien lo que saben los demás; y la experiencia de Alcaine en exteriores me ha servido.'

Este saber aprovechar lo que los demás le ofrecen Bigas lo practica desde la escritura del guión. Jamón jamón es el tercer guión que escribe en colaboración con Cuca Canals. 'Con Cuca me entiendo muy bien. Es mucho más joven que yo y eso me aporta una energía enorme. Cómo dosificar y utilizar esa energía es algo que se aprende con la madurez, pero son los jóvenes los que la tienen. Cuca tiene una capacidad de síntesis enorme que complementa mi barroquismo; además es una excelente escritora de imágenes. Jamón jamón se escribió muy deprisa y se puso en pie más rápido aún. Hacía tiempo que quería retratar una serie de cosas muy del país, muy de aquí: el jamón, las tapas [...] Cada vez estoy más obsesionado con las cosas. Cada vez estoy más contento con el país donde vivo y cuando digo contento, quiero decir tener asumido quién soy, dónde es-

toy. Por otro lado sigo pensando en escribir un libreto para una ópera. Estas dos ideas fueron evolucionando juntas y acabaron en este melodrama que es una especie de retrato simbólico de la España contemporánea.'

113

Es del dominio público que en el cine español hay dos pornógrafos declarados y practicantes, el valenciano Luis Berlanga y el madrileño Jaime Chávarri, aunque ninguno de ellos se ha decidido a manifestarse profesionalmente en este terreno, al menos de manera oficial.

El barcelonés Bigas Luna —menos pornógrafo en el sentido tradicional que fetichista de muchas vueltas— les ganó por la mano hace dos años al filmar algo que bien podía interesarles, la novela de Almudena Grandes, Las edades de Lulú, ganadora del premio de literatura erótica 'La sonrisa vertical', creado justamente por Berlanga. Fue un éxito comercial resonante y un paso en falso artístico de consideración. Así que Bigas ha vuelto por sus fueros en Jamón jamón con una historia propia y a su terreno a través de un discurso cuya principal razón de ser es el fetichismo.

A primera vista se trata de un vodevil carnestolendo y una pizca agrio, con un desenlace trágico que suena como una nota falsa. En un quintaesencial pueblo español de nuestros días, un muchachito ansioso de llegar a más, deseoso de casarse con su chica a la que dejó embarazada —hija de la prostituta local— tropieza con la oposición frontal de su posesiva madre burguesa, que contrata un empleado en una jamonería y aspirante a torero para interponerse entre la parejita y deshacer la boda, llamado a convertirse en un objeto del deseo de todas las mujeres en presencia. Ese esquema, con todo, no es más que un pretexto para que el cineasta juegue, deliberada y maliciosamente, con todos los fetiches emblemáticos de la vieja y la nueva España; toros de lidia y máquinas tragaperras, varones bien dotados y calzoncillos de diseño, hembras ardientes de todas las edades y motos de carreras, tortillas de patatas con cebolla y jamones de fabricación industrial [...]

Esta perfidia alegórica es indudablemente vistosa, aunque no sea demasiado original. El concepto de drama cómico, el tratamiento irreverente de los emblemas publicitarios —el toro de Osborne y los 'slips' Sansón— el bolero que comenta la acción y acompaña su clímax, tienen una deuda con Pedro Almodóvar. La arriesgada pero mediterránea combinación de zoología, sexo, gastronomía y muerte tiene también una deuda con Marco Ferreri [...] Una fachada brillante y atractiva [...] donde la conjunción del diseño de Chus Uroz, Noemí García y Julio Esteban, la iluminación de José Luis Alcaine, la presencia de Stefania Sandrelli, Anna Galiena y Penélope Cruz crea de manera muy consistente, convincente, esa atmósfera de sensualidad pastosa, envuelta en ajo y aceite de oliva, que el director perseguía, sin duda la más estimable de sus cualidades.

JOSÉ LUIS GUARNER,
La Vanguardia

Filmografía

Cortometrajes

El Llit, La Taula (8 mm, 1971)
Cadires (vídeo, 1974)
Carles Riart (8 mm, 1977)
Juan Sevilla (8 mm, 1977)
Historias impúdicas (16 mm, 1897)
Mona y Temba (35 mm, 1977)
Lumière y compañía (episodio de un filme colectivo, 1996)
Collar de moscas (DVD, 2000)

Largometrajes

Tatuaje (1976)
Bilbao (1978)
Caniche (1979)
Renacer (Reborn, v.o. en inglés, 1981)
Lola (1985)
Angustia (Anguish, v.o. en inglés, 1986)
Las edades de Lulú (1990)
Jamón jamón (1992)
Huevos de oro (1993)
La teta y la luna (La teta i la lluna, v.o. en catalán, 1994)
Bámbola (1996)
La camarera del Titanic (La Femme de chambre du Titanic,
v.o. en francés, 1997)
Volavérunt (1999)
Son de mar (2001)

Bibliografía

BIGAS LUNA y CANALS, Cuca (1994), *Retratos ibéricos: crónica pasional de* Jamón jamón, Huevos de oro, La teta y la luna, Barcelona y Madrid, Lunwerg.

BOOTH, Wayne C. (1969 [1961]), *The Rhetoric of Fiction*, Chicago and Londres, University of Chicago Press.

ALBERT, Antonio (1997), «El amor perjudica seriamente la salud», *Cinemanía*, n° 16, págs. 6-11.

BABINGTON, Bruce y EVANS, Peter William (1990), «All that Heaven Allowed: Another Look at Sirkian Irony», *Movie*, n° 34-35, págs. 48-58.

BAKHTIN, Mikhail (1984), *Rabelais and His World*, Bloomington, Indiana University Press.

BARTHES, Roland (1972 [1957]), *Mythologies*, Londres, Paladin (trad. cast.: *Mitologías*, Madrid, Siglo XXI, 1980).

BELL, David, (comp.) (1999), *Psychoanalysis and Culture*, Londres, Duckworth.

BERTHIER, Nancy (2001), «Splendeurs et misères du mâle hispanique», en *Le Cinéma de Bigas Luna*, Nancy Berthier, Emmanuel Larraz, Philippe Merlo, Jean-Claude Seguin (comps.), Toulouse, Presses universitaires du Mirail, págs. 53-72.

BETTELHEIM, Bruno (1988 [1976]), *The Uses of Enchantment; the Meaning and Importance of Fairy Tales*, Harmondsworth, Penguin Books.

BORDWELL, David y THOMPSON, Kirstin (1979), *Film Art. An Introduction*, Reading, Massachusets, Addison-Wesley (trad. cast.: *El arte cinematográfico. Una introducción*, Barcelona, Paidós, 1993).

BOZAL, Valeriano (1997), *Pinturas negras de Goya*, Madrid, TF Editores.

BROOKS, Peter (1976), *The Melodramatic Imagination: Balzac, Henry James. Melodrama and the Mode of Excess*, New Haven, Yale University Press.

CHAVES NOGALES, Manuel (1969), *La autobiografía de un matador*, Madrid, Alianza.

CHODOROW, Nancy (1978), *The Reproduction of Mothering: Pychoanalysis and the Sociology of Gender*, Berkeley, Los Ángeles y Londres, University of California Press.

COLLINS, Larry y LAPIERRE, Dominique (1970), *Or I'll Dress You in Mourning*, Londres, Eworld Books.

CRISTÓBAL, Ramiro (1994), «Cine español: las últimas estrellas», *Cambio 16* (10 octubre), págs. 20-22.

D'LUGO, Marvin (1995), «Bigas Luna's *Jamón jamón*: Remaking the National in Spanish Cinema», en *Spain Today: Essays on Literature, Culture, Society,* José Colmeiro, Christia Dupla, Patricia Greene, Juana Sabadell (comps.), Dartmouth, Dartmouth College, págs. 67-81.

DELEYTO, Celestino (1999), «Motherland, Space, Femininity and Spanishness in *Jamón jamón* (1992)», en *Spanish Cinema: the Auteurist Tradition,* Peter William Evans (comp.), Oxford, Oxford University Press, págs. 270-285.

DONAPETRY, María (1998), *La otra mirada*, Nueva Orleans, University Press of the South.

ELSAESSER, Thomas (1987), «Tales of Sound and Fury: Observations on the Family Melodrama», en *Home Is Where the Heart Is*, Christine Gledhill (comp.), Londres, British Film Institute, págs. 43-69.

ESCARRÉ, Josep (2001), «El amigo colombiano», *La Vanguardia* (11 de mayo), s/n.

FOUZ-HERNÁNDEZ, Santiago (1999), «All that Glitters is not Gold: Reading Javier Bardem's Body in Bigas Luna's *Golden Balls*», en Rob Rix y Roberto Rodríguez-Saona (comps.), *Spanish Cinema: Calling the Shots*, Leeds, Trinity and All Saints, págs. 47-62.

FREIXAS, Ramon (1992), «*Jamón jamón*. No llega a pata blanca», *Dirigido por*, n° 205, págs. 34-37.

FREUD, Sigmund (1982 [1900]), *The Interpretation of Dreams*, Harmondsworth, Penguin Books (trad. cast.: *La interpretación de los sueños,* Madrid, Alianza, 1999).

FREUD, Sigmund (1984 [1915]), «Instincts and Their Vicissitudes», en *On Metapsychology: the Theory of Psychoanalysis,* Angela Richards (comp.), págs. 105-138.

FREUD, Sigmund (1985 [1921]), *Group Psychology and the Analysis of the Ego*, Harmondsworth, Penguin Books.

GAINES, Janet y HERZOG, C. (comps.) (1990), *Fabrications: Costume and the Female Body,* Londres, Routledge.

GALÁN, Lola (2000), «La prensa internacional elogia a Bardem y le bautiza como "el nuevo Banderas"», *El País* (11 de septiembre), s/n.

GÁMEZ FUENTES, María José (2001), «No todo sobre las madres: cine español y género en los noventa», *Archivos de la filmoteca*, n° 39 (octubre), págs. 69-85.

GARCÍA DE LEÓN, María Antonia (1994), *Élites discriminadas: sobre el poder de las mujeres*, Barcelona, Anthropos.

GATES, Tudor (2002), *Scenario: the Craft of Screenwriting*, Londres, Wallflower Press.

GIBBS, John (2002), *Mise en scene: Film Style and Interpretation,* Londres, Wallflower Press.

GISTAÍN, Mariano (1989), «*Jamón jamón,* la síntesis perfecta», en *Bigas Luna, la fiesta de*

las imágenes, Alberto Sánchez (comp.), Huesca, Festival de Cine de Huesca, págs. 57-59.

GLEDHILL, Christine (comp.) (1987), *Home is Where the Heart Is: Studies in Melodrama and the Woman's Film*, Londres, British Film Institute.

GLENDINNING, Nigel (1977), *The Interpretation of Goya's Black Paintings*, Londres, Queen Mary College, London University.

GONZÁLEZ DE CHÁVEZ FERNÁNDEZ, María Asunción (1993), «Conformación de la subjetividad femenina», en Gónzalez de Chávez Fernández (comp.), *Cuerpo y subjetividad femenina: salud y género,* Madrid, Siglo XX, págs. 71-122.

GORBMANN, Claudia (1980), «Narrative Film Music», en *Cinema/Sound*, Rick Altman (comp.), *Yale French Studies*, n° 60, págs. 183-203.

GRANDES, Almudena (1991 [1989]), *Las edades de Lulú*, Barcelona, Tusquets.

GUARNER, José Luis (1992a), «Alegoría con patatas», *La Vanguardia* (23 de septiembre), pág. 49.

GUARNER, José Luis (1992b), «*Jamón jamón* divierte al público y divide a la crítica», *La Vanguardia* (12 de septiembre), pág. 37.

HASKELL, Molly (1987), *From Reverence to Rape: the Treatment of Women in the Movies*, Chicago, University of Chicago Press.

INTXAUSTI, Aurora (2001), «Javier Bardem se queda en el paro», *El País* (2 de octubre), págs. 8-9.

IRIGARAY, Luce (1993), *An Ethics of Sexual Difference*, Londres, Athlone Press.

KAPLAN, E. Ann (1997), *Motherhood and Representation: the Mother in Popular Culture and Melodrama*, Londres, Routledge.

KERNBERG, Otto F. (1995), *Love Relations: Normality and Pathology*, New Haven y Londres, Yale University Press.

KLEIN, Melanie (1997), *Envy and Gratitude and Other Works 1946-1963,* Londres, Vintage.

KLEIN, Melanie y RIVIERE, Joan (1964), *Love, Hate and Reparation*, Londres y Nueva York, Norton.

KRISTEVA, Julia (1987), *Tales of Love*, Nueva York, Columbia University Press.

LEIRIS, Michel (1968 [1946]), *Manhood*, Londres, Jonathan Cape.

MACDONALD, Paul (1995), «Star Studies», en J. D. Hollows y M. Jancovich (comps.), *Approaches to Popular Film*, Manchester, Manchester University Press, págs. 79-97.

MARTÍN, Ángel (1993), «Javier Bardem», *El Periódico* (20 de septiembre), pág. 10.

MARVIN, Garry (1994 [1988]), *Bullfight*, Urbana y Chicago, University of Illinois Press.

117

MONTERDE, José Enrique (1993), *Veinte años de cine español. Un cine bajo la paradoja*, Barcelona, Paidós.

MORGAN, Rikki y JORDAN, Barry (1994), «*Jamón jamón*: a Tale of Ham and Pastiche», *Donaire*, n° 2, págs. 57-64.

MORIN, Edgar (1960), *The Stars*, Nueva York, Grove Press.

MULVEY, Laura (1975), «Visual Pleasure and Narrative Cinema», *Screen*, vol. 16, n° 3, págs. 6-18.

MULVEY, Laura (1989), *Visual and Other Pleasures*, Londres, Macmillan.

PANDO, Juan (1991), «"*Jamón jamón* supone un gran cambio en mi filmografía", dice el director Bigas Luna», *El Mundo* (22 de octubre), pág. 40.

PERRIAM, Chris (2003), *Stars and Masculinities in Spanish Cinema*, Oxford, Oxford University Press.

PISANO, Isabel (2001), *Bigas Luna: sombra de Bigas, luces de luna*, Madrid, Sociedad General de Autores y Editores.

ROMA, Pepa (1998), *Hablan ellos*, Barcelona, Plaza y Janés.

ROUSSEAU, Jean-Jacques (1979 [1762]), *Emile, or on Education*, Harmondsworth, Penguin Classics (trad. cast.: *Emilio o la educación*, Madrid, Alianza, 1998).

RUBIO, Teresa (1992), «Bigas Luna estrena su *Jamón jamón*»,

El *Periódico* (2 de septiembre), pág. 52.

SÁNCHEZ MELLADO, Luz (1996), «Javier Bardem, noble bruto», *El País* (18 de febrero), pág. 63.

SARRIUGARTE, Iñaki (1995), «Como actor cómico, no tengo gracia», *Deia*, pág. 51.

SECUNDA, Victoria (1993), *Women and Their Fathers: the Sexual and Romantic Image of the First Man in Your Life*, Londres, Cedar.

STONE, Robert (2002), *Spanish Cinema*, Londres, Longman.

STREET, Sarah (2001), *Costume and Cinema; Dress Codes in Popular Film*, Londres, Wallflower Press.

TUBERT, Silvia (1993), «La construcción de la feminidad y el deseo de ser madre», en María Asunción González de Chávez (comp.), *Cuerpo y subjetividad femenina: salud y género*, Madrid, Siglo XXI, págs. 45-70.

VALL, Pere (1992), «Bigas Luna: "He hecho un retrato irónico del país"», *El Observador* (2 de septiembre), pág. 38.

VEBLEN, Thorstein (1899), *The Theory of the Leisure Class: an Economic Study of Institutions*, Nueva York, Mentor.

VIDAL, Nuria (1991), «Bigas Luna: "*Jamón jamón* es una película neorrealista en colores"», *El Observador* (25 de noviembre), pág. 38.

VIDAL, Nuria (1992), «*Jamón jamón*», *Fotogramas* (enero), págs. 91-93.

VIEJO, Teresa (2001), *Hombres: modo de empleo*, Barcelona, Ediciones Martínez Roca.

WELLDON, Estela V. (1992 [1988]), *Mother, Madonna, Whore: the Idealization and Denigration of Motherhood*, Londres y Nueva York, Guilford Press.